U0064583

科學天地 212　World of Science

觀念物理 5

電磁學‧核物理

CONCEPTUAL PHYSICS
THE HIGH SCHOOL PHYSICS PROGRAM

by Paul G. Hewitt

休伊特 著　陳可崗 譯

休伊特（Paul G. Hewitt）

高中時夢想當個拳擊手，畢業後開始學漫畫，後來從事畫戶外廣告招牌的工作。

27歲才決定回到學校，在麻州羅爾技術學院就讀物理系，是班上年紀最大的學生。

1964年，取得猶他州立大學科學教育與物理雙主修的碩士學位，

便到舊金山城市學院開始教學生涯，直到1999年退休。

1982年，休伊特獲得美國物理教師學會頒發的密立根講座獎。

獲獎原因是由於他在物理教學專業上的投入，發展出許多有趣而令人激賞的教學示範，

以及闡釋觀念的方式，讓很多原本不可能喜愛物理的學生，對物理產生興趣。

休伊特認為：教學不僅僅是工作，也不僅僅是專業，而是一種對待生命與生活的態度；

因此對於當老師的人來說，盡力把教學工作做好，是非常重要的一件事。

因為，不論學生有多大的熱情，老師都有能力把它澆熄；

但老師同樣也有能力去激發學生，讓他們發揮出最大的潛能。

休伊特相信：學物理應該是很有趣的，雖然也許要相當用功，但一定是有趣的事。

《觀念物理》這套書正是他這個信仰底下的產物之一。

譯者簡介

陳可崗

生於廣州，成長於台灣最艱困時期，曾就讀海軍官校，

台大物理系畢業，美國普度大學物理博士，主修實驗固態物理。

曾任教於清華大學，後移居美國，任職電子工程師。

工餘及退休後，輒常撰寫科學新知投刊於海外華文報紙。

譯有《觀念物理4》、《觀念物理5》、《十月的天空》、

《數學妖法》、《質數魔力》、《阿基米德幹了什麼好事！》、

《牛頓》、《居禮們》、《時光旅人》等書（皆為天下文化出版）。

觀念物理 5

第五部

電與磁

Conceptual Physics - The High School Program

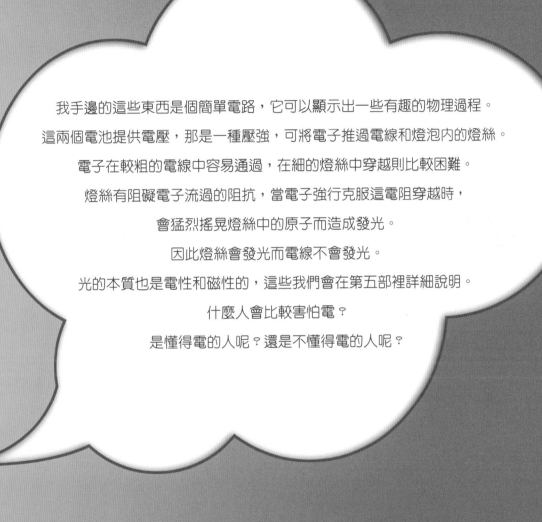

我手邊的這些東西是個簡單電路，它可以顯示出一些有趣的物理過程。

這兩個電池提供電壓，那是一種壓強，可將電子推過電線和燈泡內的燈絲。

電子在較粗的電線中容易通過，在細的燈絲中穿越則比較困難。

燈絲有阻礙電子流過的阻抗，當電子強行克服這電阻穿越時，

會猛烈搖晃燈絲中的原子而造成發光。

因此燈絲會發光而電線不會發光。

光的本質也是電性和磁性的，這些我們會在第五部裡詳細說明。

什麼人會比較害怕電？

是懂得電的人呢？還是不懂得電的人呢？

第32章

靜電學

在你周圍的每樣東西裡，都帶有各種類型的電。天空中的閃電、腳在地毯上摩擦產生電花、將原子結合成分子……，這些都是由於電的力量。從電燈到電腦、各式各樣的家用電器、以及高科技的儀器，顯然也都是用電來操作控制的。生在這個科技年代，每個人都應當要了解，以電學為基礎的科技可以怎樣造就人類的繁榮。電學知識在從前，並不是像現在這麼普及的。

　　這一章討論的是靜電學，靜電就是靜止不流動的電。靜電學研究的範圍包括電荷間的作用力、電荷在物質內的行為，以及下一章所討論的圍繞在電荷四周的某種勢力，即所謂電場。第34章與第35

章則討論電流（也就是流動的電荷）、造成電流的電壓，以及控制電流的方法。最後，第 36 章與第 37 章討論電流與磁性的關係；如何控制電與磁，使它們驅動電動機（馬達）和其他電器。

　　電磁學必須按部就班地學習才能了解，因為每一個觀念都是下一個觀念的基礎，所以你一定要集中注意力來學習。我們會加重實驗的份量，動手做物理，總是比單單用嘴讀物理有更深刻的印象。如果你匆匆忙忙瀏覽這本書，你會覺得電學與磁學艱澀難懂，不免因困惑而灰心放棄。但你若是處處小心體會，逐步了解之後，就會覺得電磁學挺有意思的。

32.1　電力及電荷

　　你對於重力已經十分清楚了，它是將你吸在地球上的作用力。這力也就是你的重量。現在試想想有一種億萬倍強的力也作用到你身上，它可以把你壓成像一張紙那麼薄。但是如果同時有另一種同樣強大的排斥力也作用在你身上，這兩種力相互完全抵消，於是你絲毫覺察不到有任何效應。自然界正巧就有這樣的一對作用力隨時施加在你身上，這作用力就是電力。

　　電作用力來自原子內部的粒子。在 1900 年代初期，拉塞福（Ernest Rutherford, 1871-1937）和波耳（Niels Bohr, 1885-1962）兩位物理學家提出一個簡單的原子模型：原子是由一些電子環繞著一個帶正電荷的原子核所組成，請看下一頁的圖 32.2。原子核中的質子吸引電子，使電子留在軌道上繞轉，就如同太陽把行星維持在軌道一樣。電子被質子所吸引，電子與電子間則互相排斥。

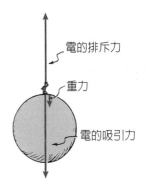

▲圖 32.1
地球內部的電荷與你身上的電荷產生非常巨大的吸引力與排斥力。這兩種電力同時並存以致作用抵消，只剩下微弱得多、只能吸引的重力。因此你的體重僅是由於重力作用而來。

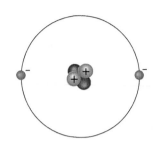

▲圖32.2

氦原子的模型。氦原子核由兩個
質子與兩個中子組合而成。帶正
電荷的質子吸引住兩個帶負電荷
的電子。

　　這種相吸與相斥的作用是歸因於一種叫電荷的性質。已被一般
人接受的說法是電子帶有負電荷，質子帶有正電荷，中子則不帶電
荷。中子與帶電荷的粒子既不相吸，也不相斥。

　　至於質子為什麼不把帶相反電荷的電子吸進原子核來呢？這是
個十分有趣的問題。它的理由和行星繞著太陽運轉不同。在原子之
內，必須應用不同的物理定律來說明，而這屬於量子力學的範圍，
到第38章時我們才會討論到。這裡只是簡單提一下：根據量子力
學，電子具有波動性質，必須占據與其波長相關的一定空間。原子
的大小是由電子所需要的「伸展空間」大小而定的。

　　可是原子核裡面的質子為什麼不會互相排斥、以致飛離開來
呢？是什麼力把原子核結合在一起？答案是：在原子核中，除了電
的作用力之外，還有一種更強的、不屬於電性的作用力，這種核作
用力將會在第39章討論。

　　下列各點為原子學說的一些重要事項：

1. 每一個原子都有一個帶正電荷的原子核，另有一些帶負電荷的電
   子環繞著原子核運轉。

2. 所有電子都是完全一樣的。每一個電子都有相同的質量，都帶有
   同樣大小的負電荷。

3. 原子核是由質子與中子組合而成（正常的氫原子除外，它不含有
   中子）。所有質子也是完全一樣的，一個質子的質量約為電子的
   2,000倍，一個質子的正電荷電量與一個電子的負電荷電量相等。
   中子的質量略大於質子，中子不帶任何電荷。

4. 通常原子內的電子與質子數目相同，所以原子的總電荷量是零。

　　為什麼電子與電子相排斥，卻與質子相吸引呢？這個原因超出
了本書討論的範圍之外。以我們所能理解的說法，我們只能說那是

天性，是電的一種基本行為。所有的電學現象中有一條基本守則：

同性相斥；異性相吸。

這句早已琅琅上口的流行話，現在通常是用來形容人間男女的本性。流行話的緣起是：早年經常有趕著馬車到處娛樂觀眾的藝人，他們的秀場有一個重要表演是在通心草球上充電和放電。通心草是很輕、有如泡沫塑膠的一種植物，將它做成小球並在表面上塗以鋁漆，就變成可以導電了。用絲線將小球懸掛起來，把膠棒在毛皮上摩擦之後，就可以吸引住小球。但一旦膠棒碰到小球之後，原來的相吸立刻就變成相斥。然後，被膠棒排斥的小球又會被與絲巾摩擦過的玻璃棒所吸引。用兩個通心草球，以不同的方式充電，就會顯現兩種電性之間的吸引力與排斥力，如圖32.3。表演的人常會指出：自然界提供兩性電荷，就如同男女兩性一樣。

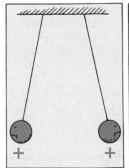 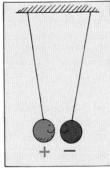 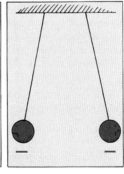

◀圖32.3
同性相斥，異性相吸。

❓ Question

1. 在複雜的電學各種現象之下，有一個非常基本的定律，幾乎任何效應都與它有關，那是什麼基本定律？
2. 電子的電荷與質子的電荷有什麼區別？

Ⓐ Answer

1. 同性相斥；異性相吸。
2. 兩種粒子的電荷其電量相同，電性相反。

32.2 電荷守恆

電子和質子都帶有電荷。在一個中性的原子內，電子與質子的數量相同，所以沒有電荷的淨差，全部正電荷恰好與全部負電荷平衡。如果自原子內移走一個電子，這個原子即不再是中性。原子內的正電荷粒子（質子）比負電荷粒子（電子）多了一個，我們說這個原子帶了正電。

一個帶有電荷的原子稱為離子。正離子擁有淨正電荷，是因為失去了一個或是數個電子的關係。負離子擁有淨負電荷，因為它獲得了一個或數個額外的電子。

物質是由原子組成的，原子又是由電子和質子（並且還有中子）組成的。一件物體有相同數量的電子與質子時，就不會有淨電荷。但是如果數量不平衡時，那物體就是帶有電荷了。植入電子和抽離電子都能造成不平衡。

原子裡，雖然最內層的電子與帶相反電荷的原子核緊緊地束縛在一起，但有一些最外層的電子則與原子核束縛得非常鬆散，並且很容易就脫離位置。把原子中的電子抽離所需要的能量，因物質差異而有所不同。例如膠棒中的電子比毛皮中的電子束縛得較緊，膠棒與毛皮摩擦後，電子就從皮毛移往膠棒，於是膠棒上有多餘的電子而變成帶負電荷；反過來毛皮缺少了電子又變成為帶正電荷。你

如果拿玻璃棒或者塑膠棒摩擦絲巾，會發覺棒子帶有正電荷，絲巾中保住電子的力大於玻璃棒和塑膠棒的，摩擦之後，電子從棒子落入絲巾之中。總而言之：物體中電子的數量與質子的數量不一樣時，它就是帶電荷。如果它的電子比質子多，它就是帶負電荷；如果它的電子比質子少，那麼它就是帶正電荷。

請注意，電子只是經由一件物體轉移到另一件物體上，既沒有創造電子，也沒有毀滅電子。電荷是不滅的、是守恆的。在任何大小尺度的事物中，即使小至原子或原子核層次，電荷守恆原理都是適用的。世界上從來沒有創造電子或者毀滅電子這類事情發生過。電荷守恆是物理學的基礎，它與能量守恆、動量守恆同等重要。

任何帶電荷的物體必定是多出或缺少整數個電子，電子不可能被分割成幾分之一個。因此物體若帶電荷，所增加的電荷為一個電子的整數倍，它不可能帶了1.5個電子的電荷，也不可能帶了1000.5個電子的電荷。至今為止，帶電荷的物體所帶的電荷都是一個電子所帶電荷的若干整數倍。

然而，在原子核裡，有一種叫「夸克」（quark）的基本粒子，它所帶的電荷只有電子所帶電荷值的1/3或2/3。每一個質子與中子都是由三個夸克組合而成。由於夸克必定是以這種結合形式存在，從來不曾發現單獨存在過，因此電子所帶電荷的整數倍定則，一樣適用於核反應過程。

▲圖32.4
電子自毛皮轉移到膠棒上，於是膠棒就帶負電荷。毛皮是否也帶電荷？是帶正電還是帶負電？

❓ Question

如果你在地毯上走過時，將電子拖上你的雙腳，請問你是帶了正電還是負電？

科技與社會

靜電的威脅

　　兩百年前，專門在舊式戰艦裡搬運火炮用火藥袋的年輕男孩子，被稱為「火藥猴子」。當時船上規定，他們自艙底把火藥袋抬至甲板上時，必須赤腳。你知道為什麼嗎？因為他們跑上跑下時，最要緊的是身上不能累積靜電荷。打赤腳可以使身體不至累積了造成火花的靜電。

　　今天在高科技工廠工作的電子作業員，在製造、測試和修理電路板時，也同樣採取一些防止靜電累積的措施。倒不是害怕靜電會把房子炸掉，而是預防精細的電子元件受到損壞。有些電子元件十分敏感，可能被靜電火花燒掉。因此電子作業員在一些容易累積靜電的環境中工作時，他們必須穿上特殊纖維製造的衣服，在袖子和襪子上連結地線。有些人手腕上戴著特別環帶，它連接到接地的表面上，亦可以避免靜電累積在身體上。在椅子上挪動而產生的靜電，由此也可以得到排除。

　　由於電路愈做愈小，電路上的元件愈靠愈密，靜電的火花導致電路產生短路的可能性也愈來愈大。對於許多電子公司，維持無靜電的環境是經常得努力的重要課題。

Ⓐ Answer

　　你將電子拖上雙腳之後，身體上就帶有額外的電子，於是你就是帶了負電荷（地毯則是帶正電荷）。

32.3　庫倫定律

回想一下牛頓的重力定律：質量各為 m_1 與 m_2 的兩個物體之間，其引力與兩質量的乘積成正比，與物體間的距離 d 的平方成反比。

$$F = G\frac{m_1 m_2}{d^2}$$

公式中的 G 為萬有引力常數。

兩個帶電物體之間的電作用力，也遵從與距離平方成反比的關係。這個關係是十八世紀時由法國物理學家庫倫（Charles Coulomb，1736-1806）所發現的。庫倫定律指出：兩個帶電粒子或者物體，它們的大小遠較兩者之間的距離為小的話，相互的作用力與各自所帶電荷的乘積成正比，而與兩者間的距離平方成反比。在電力現象中，電荷的角色與重力現象中的質量十分相似。庫倫定律的數學公式是：

$$k\frac{q_1 q_2}{d^2}$$

公式中的 d 是兩個帶電荷粒子之間的距離；q_1 代表一個粒子所帶的電荷，q_2 代表另一個粒子所帶的電荷；k 是個常數。

國際單位制的電荷單位是庫倫，簡寫為 C。以常識研判，我們會以一個電子所帶的電荷做為單位，事實不然。結果是基於歷史的理由，一庫倫的電荷等於 624 萬兆（6.24×10^{18}）個電子所帶的電荷。這個數目看來十分龐大，可是它僅代表於一秒鐘內通過一個 100 瓦的燈泡中，全部電子所攜帶的電荷。

庫倫定律的常數 k，與牛頓重力定律的常數 G 相似。不過 G 的數

值非常小，而 k 的數值則是非常大，將它化爲整數，其數值爲：k ＝ 9,000,000,000 牛頓‧公尺^2／庫倫^2。以科學記號表示，k ＝ 9.0×10^9 牛頓‧公尺^2／庫倫^2。

這個複雜的單位能將公式右邊的計算轉化成力的單位，也就是牛頓（N）。而公式中的電荷單位是庫倫，距離的單位是公尺。請注意，如果這兒有一對各爲 1 庫倫電荷的帶電體，其間的距離爲 1 公尺，兩者之間的排斥力將會是 90 億牛頓。這力比十艘主力艦的噸位還要大。顯然在我們的生活環境中，不會有帶那麼多淨電荷的物體存在。

若拿「90 億牛頓」這個數值與萬有引力來比較，在兩個質量都是 1 公斤的物體之間，距離爲 1 公尺時，彼此的引力爲 6.67×10^{-11} 牛頓。這力非常非常小。若是兩個物體間隔 1 公尺而要產生 1 牛頓的引力，每個物體需要 122,000 公斤重才行！普通物體之間的萬有引力非常小，除非使用非常精細的試驗，根本無法測知。普通物體之間的電作用力（未經彼此抵消者）會大到不是我們一般所經驗過的。

以質量爲主的牛頓重力定律和以電荷爲主的庫倫定律，在形式上極相似。然而在兩個各爲 1 公斤的質量之間的重力吸引非常小，在

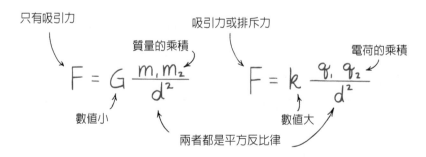

圖 32.5 ▶
牛頓重力定律與庫倫定律的比較

兩個各為 1 庫倫電荷帶電體之間的電作用力卻是非常大。重力與電作用力之間最大的差異為重力只會互相吸引，電作用力可能相吸，也可能相斥。（這兩種作用力的相似性質，使得許多物理學家認為它們可能是同一事物的不同面貌。愛因斯坦就具有這種想法，他在晚年致力於尋求一種「統一場論」，可是並不成功。近年來，電作用力與放射衰變的原子核弱作用力已被統合在一起。有些物理學家仍然在設法統合電作用力與重力的理論。）

❓ Question

1. 使用國際單位制時，牛頓重力定律的常數 G 數值非常小，而庫倫定律的常數 k 則非常大，這裡數值大小的主要意義是什麼？

2. (a)如果一個電子相距某一帶電體為某一長度時，產生某一強度的吸引力。若此間距增加為 2 倍，其作用力的大小變化如何？(b)該帶電體的電荷是正的還是負的？

Ⓐ Answer

1. G 的數值很小，表示重力是一種微弱的作用力；大數值的 k 表示電的作用力是一種十分強大的力。

2. (a)依照平方反比律，間距為原來的 2 倍時，作用力的大小是原來的 1/4。(b)因為此作用力為吸引力，兩者的電荷必定為正負相異，所以帶電體的電荷是正電。

　　因為大多數的物體內，電子與質子數量相等，於是抵消了對外的電力作用，比如月亮和地球之間就沒有可測量得出來的電力作用。總之，只能相吸的屬於弱性的重力，是天體間的主要作用力。

雖然天體與天體間以及周遭物體間的電力因平衡而抵消,到原子層次則並非完全如此。在一個原子內的電子有時候可能與隔鄰原子的質子比較接近,甚至比這個質子與它自家的電子的平均間距還小,於是這些原子之間的吸引力便比排斥力要大。當這種淨吸引力足夠強大時,原子即結合成為分子。把一些原子聚集成分子的化學鍵結力,就是在小範圍之內,吸引力與排斥力不平衡而生的電力。所以你若想學好化學,應該先具備一些電學知識。

計算範例

　　在所有原子中,氫原子的構造最為簡單。它的原子核就是一個質子(質量 1.7×10^{-27} 公斤),軌道上只有一個電子(質量 9.1×10^{-31} 公斤),對原子核的平均距離為 5.3×10^{-11} 公尺。我們不妨來比較氫原子內,質子與電子之間的電力及重力的大小差異。

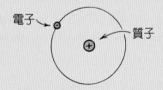

電子　　　　　質子

　　要計算電作用力,只要單純應用庫倫定律,將相應的數值代入公式裡。

距離 $d = 5.3 \times 10^{-11}$ 公尺

質子電荷 $q_p = +1.6 \times 10^{-19}$ 庫倫

電子電荷 $q_e = -1.6 \times 10^{-19}$ 庫倫

電子與質子之間的電力為:

$$F_e = k \frac{q_e q_p}{d^2}$$

$$= (9.0 \times 10^9 \text{牛頓} \cdot \text{公尺}^2 / \text{庫倫}^2) \times$$

$$(1.6 \times 10^{-19} \text{庫倫}) \times (1.6 \times 10^{-19} \text{庫倫}) /$$
$$(5.3 \times 10^{-11} \text{公尺})^2$$
$$= 8.2 \times 10^{-8} \text{牛頓}$$

電子與質子間的重力為：

$$F_g = G \frac{m_e m_p}{d^2}$$
$$= (6.7 \times 10^{-11} \text{牛頓} \cdot \text{公尺}^2 / \text{公斤}^2) \times$$
$$(9.1 \times 10^{-31} \text{公斤}) \times (1.7 \times 10^{-27} \text{公斤}) /$$
$$(5.3 \times 10^{-11} \text{公尺})^2$$
$$= 3.7 \times 10^{-47} \text{牛頓}$$

比較這兩種力的大小，最好用兩者的比率來表示：

$$F_e / F_g = 8.2 \times 10^{-8} \text{牛頓} / 3.7 \times 10^{-47} \text{牛頓} = 2.2 \times 10^{39}$$

所以，電力比重力大超過 10^{39} 倍之多。換句話說，在次原子粒子之間，電力對於彼此的作用遠超過重力的作用，因而重力可以完全忽略。

32.4 導體及絕緣體

某些材料內的電子會比較容易移動，另外一些材料則沒有那麼容易。金屬的原子中，外層的電子並非必定與某一個特定的原子束

縛在一起,而是可以在這材料內自由遨遊。這種金屬是良導體。金屬由於電荷的移動而成為好的導電體;基於相同理由,金屬也是好的導熱體,因為它的電子是「鬆動」的。

電子在別的材料中(例如橡膠和玻璃)是與特定的原子緊緊地結合在一起。電子不能在這種材料中遨遊而隨便跑到別的原子之中,這種材料是不良導電體。基於相同理由,它們通常也不良於導熱。這種材料是好的絕緣體。

所有的物質可以按照其傳導電荷的能力依序列表。在表的上方是導體,表的底部為絕緣體。這表的上下兩端差異很大。例如,金屬的導電率可以是玻璃之類的絕緣體的億萬倍。在電力輸送線中,電荷能輕易流過幾百公里的金屬導線,卻無法越過鐵塔上用以隔離電線的那短短幾公分的絕緣材料。在普通家庭供電系統中,電荷流過幾公尺的電線,進入電器內的電路,再流出來進入回路電線,卻不越過這兩股電線間薄薄的橡膠絕緣體,由輸入電線直接跳入回路電線。

物質被區分為導體或是絕緣體,完全依其原子是否能緊捉住它們的電子而定。有一些元素像鍺、矽之類,當它們是完全結晶狀態時,會是很好的絕緣體,可是一旦有一點點雜質摻入,在晶體結構內,即使每千萬個原子中只有一個原子讓雜質原子取代了,因而增加或移走了一個電子,這晶體的傳導性會大幅增加。這類材料有時可做成絕緣體,有時候又可做成導電體,就叫做半導體。把三片半導體薄片相疊起來,可以做成電晶體。電晶體是許多電器用品的主要零件。不過,電晶體和別的半導體元件的功能並不在本書討論範圍之內。

在溫度接近絕對零度時,有些金屬會獲得無限大的導電率;換

▲圖32.6
變電站可看到隔離電線的絕緣材料。

句話說，對電荷有零阻抗。這種材料叫做超導體。從1987年以來，高溫（凱氏溫度100度）的超導性質逐漸在不同的非金屬化合物被發掘出來。在超導體內，一旦建立起電流之後，這電流就會無限制地流通。

32.5　經由摩擦和接觸的充電

我們都很熟悉摩擦生電的效應。撫摸貓的毛髮時，我們會聽到辟啪的火花聲，在不很明亮的房間對鏡梳頭時，我們會聽見也看見電的火花。穿著皮鞋在地毯上拖行後，手碰到金屬門把時會感到一陣刺痛。在車子內挪動身體、滑過塑膠椅墊，也同樣會使我們充電。這種種情形都是一種物質和另一種物質擦摩，以致電子產生轉移的現象。

◀圖32.7
因摩擦而充電，因接觸而放電！

電子可以經由簡單的觸碰而自一樣物體傳到另一物體上。當一支帶電的棒子碰到中性的物體時，部分電荷就會傳送過去，這種充電的方式就叫做接觸充電。如果該物體是良導體，那麼電荷傳過去之後就立刻在其表面分散至各部分，這是因為同性的電荷互相排斥的關係。如果該物體是件不良導體，那就需要帶電的棒子在物體的不同部位碰觸，才能讓電荷分布得比較均勻。

32.6　由感應來充電

　　如果我們把一個帶電的物體移近導體的表面，不做任何實際的接觸，那導體的電子也會在導體表面移動。如圖 32.8 所示有兩個金屬球 A 和 B。我們來看圖中 (a)(b)(c)(d) 的四個過程。

　　在 (a) 的部分，兩個不帶電的球表面接觸。(b) 顯示一支帶有負電荷的棒子接近 A 球旁邊，A 球的電子被棒子的負電荷驅趕，於是有過量的負電荷移往 B 球，使 A 球留下過量的正電荷，造成兩個球中的電荷被重新分布，我們稱之為這兩個球產生了感應電荷。在 (c) 的過程裡，棒子仍然在旁邊時，我們將 A 球和 B 球分離。(d) 的過程是棒子被挪走之後，兩個球變成帶同量而異性的電荷。它們都是因感應而充電的。那帶電的棒子一直都沒有碰到球，所以仍然保留了原來的電荷。

圖 32.8 ▶
感應充電

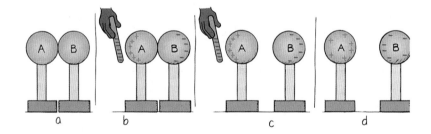

　　單獨一個球，當球中的電荷被感應分離時，如果用手指碰它，也會同樣使球充電。我們看圖 32.9 中一個金屬球以絕緣的繩子懸掛著的幾個過程。(a) 的金屬球中，淨電荷為零。(b) 顯示一根帶電的棒子使球中的電荷因感應而重新分布，可是淨電荷仍然是零。(c) 顯示

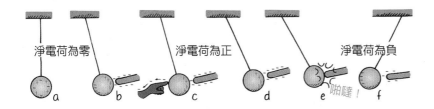

淨電荷為零　　淨電荷為正　　　　　　淨電荷為負

啪嗒！

◀圖32.9
因接地而感應充電

用手指碰球而將電子移走。於是造成(d)中的球變爲帶正電荷。此時帶正電的球被帶負電的棒子吸引過去，如(e)所示，以致球與棒子接觸；最後棒子上的電子傳送到球中，又使球充上負電荷。(f)表示帶負電荷的球又被帶負電荷的棒子排斥而推開。

當我們以手指碰球時，如圖32.9(c)所示，負電荷經過導電體到達一個無限大的電子庫（地下）中。我們碰觸一個導體而使它的電荷消失，這通常叫做「接地」，在第34章我們討論電流時再來說明這個接地的概念。

Question

1. 在圖32.8中的A和B兩個球上，它們的感應電荷必須要完全相等、電性相反嗎？
2. 圖32.8中的帶負電棒子，在使兩球充電之前與之後，所帶的電荷都一樣不變。但是如圖32.9中的情形，在充電之後卻不同，爲何會如此？

Answer

1. 兩個球所帶的電荷必定相等、電性相反，因爲A球上的每一個正電荷都是由於A球失去一個電子的結果，而這個電子卻是跑到B球上。這就有如在磚砌的大街上，把磚挖出來鋪在

人行道一樣。人行道上鋪了幾塊磚，即是大街上挖出了幾個坑。同樣的道理，在 B 球上多出的電子數目就等於 A 球上留下來的洞（正電荷）的數目。請記住每缺少一個電子等於造成一個正電荷。

2. 圖 32.8 的充電過程中，帶負電的棒子並未接觸到任何一個球。可是在圖 32.9 的充電過程中，當球帶正電荷時與棒子接觸，這接觸會導致電子轉移，使棒子上的電荷減少。

　　雷電交加時會產生感應充電。雲下端帶著負電荷，會使得下方的地表面感應而充滿正電荷。富蘭克林（Benjamin Franklin, 1706-1790）以他那著名的風箏試驗率先證明閃電是電的一種現象。大多數的閃電，是由於帶有不同電性的雲團之間所產生的放電現象。我們最熟識的是雲層與地面之間，各帶有相反電荷所產生的那種放電。

　　富蘭克林很僥倖沒有被電擊斃，別人想重複他的試驗時，有些就受到電擊。富蘭克林除了是偉大的政治家之外，還是一流的科學家，他對於接地和絕緣的解釋也頗有貢獻。富蘭克林在即將到達他科學家事業的顛峰時，又協助新獨立的美國奠立政府組織的基礎。任何工作都不能阻止他耗費大部分精力從事他最喜愛的活動，那就是對自然現象的科學研究。

　　富蘭克林也發現電荷容易自尖端流進或流出，因而設計出第一支避雷針。將避雷針裝置在建築物頂上，經導線連接到地，針端能將空中的電子蒐集下來，防止建築物因感應而堆集起大量的正電荷。如此持續性地「漏」出電荷，使建築物的帶電無法累積，也就不至於讓雲層與建築物間發生突然的放電。因此，避雷針的主要功能就是避免放電的發生。如果空中的電子無法充分自避雷針漏走，

▲圖 32.10
雲層下端充滿負電，使得正下方的地面因感應而充斥正電。

而讓雲層有足夠的電荷導致雷擊，一部分的電荷仍然會經由避雷針
短路到地下，使建築物免於被毀。

32.7 電荷的極化

感應充電不僅限於導體內產生。將一支帶電的棒子移近一件絕
緣體時，固然不會有自由電子在絕緣材料內移動，可是其中的原子
和分子本身內的電荷卻受到影響而重新排列了，請看圖 32.11 的左
方。原子或分子的一邊會因感應而稍微增加正電性（或者負電性）
而較另一端爲強。這個原子或分子就稱爲電極化了。比如說帶電的
棒子是負電性的，那麼該絕緣體原子或分子的正電性會趨向棒子的
一端，負電性就趨向另一端。接近表面的原子或分子統統依此方式
而整齊排列，請看圖 32.11 的右方。

這個道理說明爲何小紙屑會被帶電的物體吸住。紙屑內的分子
被極化了，和帶電體的電性相反的一側靠近帶電體，因此吸引力較
強，而另一側的排斥力卻較弱，所以紙屑被較強的吸引力吸起。

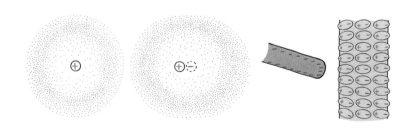

◀圖 32.11
（左）當一個外界的負電荷自左
邊接近時，本來呈電中性的原子
或分子內的電荷即重新排列，造
成左邊稍微多一點正電性，右邊
稍微多一點負電性。（右）接近
表面的原子或分子全部電極化
了。

物理 DIY

充電

　　用梳子梳頭髮可以使梳子充電，在乾燥的氣候中特別有效。把梳子移近紙屑，說明你的觀察。其次，將帶電的梳子放在水龍頭下以細水流沖過，這梳子和細水流會產生電的交互作用嗎？那是表示水流也帶電嗎？為什麼帶電或者為什麼不帶電？

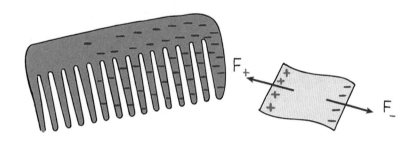

▲圖 32.12
一把充電了的梳子能吸起沒充電的紙屑，因為近處電荷所產生的吸引力強過遠處電荷的排斥力。較近的一方獲勝，於是有了淨吸引力。

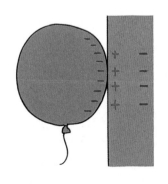

▲圖 32.13
帶負電荷的氣球使木牆電極化，在牆表面造成一層正電荷，於是氣球貼著木牆不脫開。

　　有時候紙屑附著在梳子上，不久又掉脫下來，這表示其中發生了接觸充電；紙屑獲得了與帶電體同性的電荷，立刻互相排斥。

　　把一個充了氣的氣球在頭髮上摩擦可以使氣球充電，氣球碰到牆壁會貼住，因為帶電的氣球能將牆壁上的相反電荷感應到表面上來。較近的一方獲勝！請看圖 32.13。

　　有許多分子，例如水分子，在常態時就是電極化的。它們內部的電荷分布並非完全均勻，分子中的一側會比另一側多一點負電

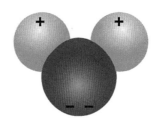

▲圖 32.14
一個水分子是一個電偶極。

> **廚房中的物理**
>
> **微波爐**
>
> 　　想像一個密閉的箱子，裡面充滿了乒乓球和幾支球棒，開始都是靜止不動。然後再想像突然之間，這些球棒像半旋轉的螺旋槳一樣前後揮動起來，打擊著鄰近的乒乓球，瞬時間幾乎全部的乒乓球都跳躍起來，往各個方向振動。微波爐的原理就很類似：水分子像球棒，隨著微波的韻律在箱子內前後舞動；乒乓球就是被烹煮的食物中的非水分子物質。
>
> 　　水分子是極性的，兩側各帶相反的電荷。將電場加在許多水分子上，它們就如同羅盤針受磁場影響一樣，也會指向一個方向。當電場振動時，水分子也跟著振動，並且相當激烈。由於水分子的反覆振動可將熱運動加在周圍的食物分子上，食物於是被一種「動摩擦」烹煮了。食物中如果沒有具極性的分子，就不能用微波爐來烹飪，這也是微波會毫無作用地穿過塑膠、紙、陶瓷的原因。

荷，請看圖 32.14。這種分子被稱為電偶極。

　　總結起來，我們知道物體可以有三種方法充電：

1. 摩擦：電子可以藉由摩擦自一物轉移到另一物。
2. 接觸：電子可以不經摩擦，由一物接觸到另一物而轉移。比如說，帶電的棒子接觸到未充電的一片金屬，就會使金屬充電。
3. 感應：由於在近旁出現（甚至沒有實際接觸）了電荷而將電子聚集或者驅離。舉例而言，以帶電的棒子接近金屬表面，可將異性的電荷吸引過來，同性的電荷驅趕到他端，結果是讓此金屬物體

的電荷重新分布，但物體的淨電荷並沒有改變。如果金屬表面經過手指的接觸而放電，那就會有淨電荷留下。

另一方面，如果該物體是絕緣體，那麼電荷只是重新排列而不是移動。這是將電荷極化了，使得靠近帶電體的表面變成充上異性的電荷。帶電的物體能吸引電中性的紙屑，以及帶電的氣球能貼在牆上，都是基於這種感應現象。

觀念一把抓

觀念摘要

所有電子都擁有同樣大小的負電荷；所有質子也都帶正電荷，電荷的大小與電子的負電荷相同。

◆ 同性的電荷之間會產生相斥的電力作用，異性電荷之間則產生相吸的電力。

◆ 電荷是守恆的。

◆ 依據庫倫定律，兩個帶電體之間的電力與兩物體各帶電荷的乘積成正比，與兩物間的距離平方成反比。

電子在良導體內很容易移動，在好的絕緣體內很難移動。

◆ 當電子進入物體或者脫離物體時，該物體變成帶電。

◆ 當電子因揉搓的動作而轉移時，即發生摩擦充電。

◆ 當電子因直接碰觸而轉移時，即發生接觸充電。

◆ 在電荷的近旁，未曾接觸也會發生感應充電。

◆ 絕緣體在帶電體的近旁時，絕緣體內的電荷會極化。

重要名詞解釋

靜電學 electrostatics　研究靜止中的電荷的學問。（32.0）

電力 electric force　一個電荷作用於另一電荷的力。作用中的電荷有相同電性時，會互相排斥；電性相反時，則互相吸引。（32.1）

電荷 charge　電的基本性質，是造成電子與質子這些粒子之間互相吸引或互相排斥的起因。（32.1）

電荷守恆律 conservation of charge　描述電荷淨量既不可創造、又不可消滅的一種定律。但是電荷可以自一種材料轉移到另一種材料。（32.2）

庫侖定律 Coulomb's law　規範電力、電荷、距離三者之間的相互關係的定律：兩電荷間的電力與兩電荷值的乘積成正比，與兩電荷間的距離平方成反比。（32.3）

庫侖 coulomb　國際單位制的電荷單位，1庫侖（符號為C）等於 6.24×10^{18} 個電子所負載的總電荷。（32.3）

導體 conductor　可以讓電荷在裡面流通者，通常為金屬材料。好的熱傳導材料一般也會是好的導電材料。（32.2）

超導體 superconductor　在極低溫下有無窮大導電率的材料，以致流過其中的電荷遭遇不到阻抗。（32.4）

半導體 semiconductor　可以被做成導電體，又可以被做成絕緣體的材料。（32.4）

絕緣體 insulator　導電不良的材料。（32.4）

感應 induction　應用於靜電學上，是當一帶電體接近一物體時，使得該物體上的電荷重新分配。（32.6）

接地 grounding　允許電荷沿著與電下連接的導線，自由運動流往

地下。（32.6）

電極化 electrically polarized 原子或分子內的電荷被重新分布成一端比較多，另一端比較少，使得其中一端比另一端的更具有正電性或負電性。（32.7）

借題複習

1. 重力與電力，哪一種作用力既能吸引又能相斥？（32.1）
2. 影響重力的性質叫做質量，影響電作用力的對應性質是什麼？（32.1）
3. 質子與電子所帶的電荷有什麼不同？（32.1）
4. 氫原子內的電子與鈾原子內的電子是一樣的嗎？（32.1）
5. 一個質子與一個電子相比，那一個的質量較大？（32.1）
6. 在一個正常的原子裡，電子的數量比質子的數量多還是少？（32.1）
7. (a)同性的電荷之間會發生什麼事？（32.1）

   (b)異性的電荷之間又會發生什麼事？（32.2）
8. 負離子與正離子有什麼不同？（32.2）
9. (a)如果揉搓能將毛皮的電子轉移到膠棒上來，那麼膠棒變成帶正電還是負電？

   (b)毛皮呢，帶正電還是帶負電？（32.2）
10. 「電荷是守恆的」這句話是什麼意思？（32.2）
11. (a)庫倫定律和牛頓重力定律有什麼相似之處？

    (b)這兩條定律又有什麼相異之處？（32.3）
12. 國際單位制的質量單位是公斤。電荷單位是什麼呢？（32.3）

13. 庫倫定律的常數 k，在普通單位下是非常大的，而牛頓重力定律的常數 G 卻非常小。對於這兩種力的相對強度而言，其常數數值的大小有什麼意義？（32.3）

14. 為什麼較弱的重力反而超過較強的電力，主控了天體的運動呢？（32.3）

15. 為什麼電力主控著密聚的原子之間的運動呢？（32.3）

16. 良導體與好的絕緣體之間有什麼不同？（32.4）

17. (a)為什麼金屬是良導體？

(b)為什麼橡膠和玻璃這類材料是很好的絕緣體？（32.4）

18. 半導體是什麼？（32.4）

19. 超導體是什麼？（32.4）

20. (a)使物體充電的三種主要方法是什麼？

(b)哪一種方法不須經過接觸？（32.5，32.6）

21. 閃電是怎麼一回事？（32.6）

22. 避雷針的功能是什麼？（32.6）

23. 指一件物體被電極化了，這是什麼意思啊？（32.7）

24. 當一件物體把另一件物體電極化了，為什麼它們之間會產生吸引力？（32.7）

25. 電偶極是什麼玩意兒？（32.7）

想清楚，說明白

1. 電的作用力相對於重力而言是十分強大的。然而，正常情形下我們感覺不到和周遭的環境有電的作用力存在，卻總會感覺到地球對我們的重力作用，為何如此？

2. 兩個離子之間有電的作用力。如果我們把兩個離子之間的距離乘以2，它們的作用力會減成多少？如果距離乘以3呢？

3. 如果你用梳子自頭髮將電子拖走，你會是帶正電呢還是帶負電？梳子呢？

4. 驗電器是個很簡單的器具。它有一個金屬球，以導線連接到兩片很薄的金箔。如附圖所示，金箔是放在密封的玻璃瓶內以避免空氣的干擾。取一件帶電物體碰一下金屬球，本來垂掛著的金箔就立刻會彈開分離。為什麼呢？（驗電器不僅可用做電荷的偵側器，更可以測定帶電量。愈多電荷傳送過金屬球，金箔就張得愈開。）

5. 有沒有必要把帶電物體直接碰到驗電器的金箔（見上一題）才能使金箔張開？說明你的理由。

6. 如果用一支玻璃棒摩擦塑膠乾洗袋，會獲取一些電荷，為什麼塑膠袋也會得到同樣多的異性電荷？

7. 為什麼好的導電材料也是好的導熱材料？

8. 請解釋電中性的物體會被帶電的物體吸引的原因。

9. 如果電子是正電性的，而質子是負電性的，那麼庫倫定律的形式還是一樣嗎？或者會有不同的寫法？

10. 在一個銅板上有50億兆個電子可以自由運動，它們彼此互相排斥，但為什麼它們不會跳到銅板外面來？

第 33 章

電場與電位

在一個強磁鐵的周遭空間內，有些現象與沒有磁鐵時不同，你若在這空間內放一枚迴紋針，你看到迴紋針會移動。這就好比在黑洞的周遭空間內，跟沒有黑洞時的情形很不一樣，如果你處身於黑洞的周遭空間，那也就是你的末日。同樣的，在一團電荷的周遭空間和沒有電荷存在時也極不一樣，如果你走過一台靜電機器，譬如范氏起電機（見本章第 7 節）的大金屬球附近，你會感覺到電荷的影響，毛髮會豎立起來。在一公尺之外時只有一點點感覺，愈靠近就愈嚴重。這些磁鐵、黑洞、電荷等等東西可影響到的周遭空間，範圍各不相同，這些空間可說是包含了某種「力場」。

33.1　電場

環繞著質量的力場稱爲重力場。若是你向空中拋擲一球，球會沿一曲線飛行。前面的章節討論過，這種曲線路徑是因爲球與地球之間的交互作用，正確點說是它們的重心之間的交互作用。由於它們的重心之間距離甚遠，所以這稱爲「超距作用」。

▲圖 33.1
你可以感覺到環繞在范氏起電機周圍的力場。

這種物體間沒有實際接觸而能夠相互施力的現象，使牛頓等人感到困惑。力場的觀念則可以將距離的因素消除。球與力場一直都有接觸，我們可以看成球被地球的重力場作用而向下掉落。因此我們通常只需考量遠距離外的火箭和人造衛星如何與重力場產生交互作用，但對於產生這力場的地球及其他天體所具有的質量等等因素，可以不予理會。

正如地球的周圍和每個質量的附近都充塞著重力場一樣，環繞在每個電荷的周圍也充塞了電場，那是一種向空間伸展的勢力。圖

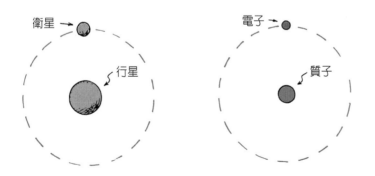

▲圖 33.2
衛星和電子都受到力的作用，它們都是處在某種力場之內。

33.2中一邊顯示衛星被重力維持在行星的軌道上運行，一邊顯示電子被電力維持在原子的軌道上。這兩種情形中的物體都沒有接觸，力的產生都是超距作用。用力場的觀念來闡釋，我們可以說在軌道上運行的衛星和電子，是與行星和質子的力場在進行交互作用，並且無時無刻都與這些場相接觸。換句話說，一個電荷施加於另一個電荷的作用力，可以形容為：一個電荷與其他電荷所產生的電場之間，有了交互作用。

電場具有大小與方向。它的大小（即強度）是以電荷位於電場內所受到的力來測定。想像中我們有一個「檢驗電荷」，我們將它放在電場之中。檢驗電荷受力最強的地方也就是電場強度最大的地方。檢驗電荷受力最弱的地方，電場強度最小。

也就是說，電場強度是量度電場施加在一個小檢驗電荷上的力。檢驗電荷必須是很小的，它不至於將周遭的電荷給推動，而使得我們欲測定的電場發生變化。如果一個檢驗電荷 q 體驗到空間某點上受力 F，那麼在該點上的電場 E 就是：$E = F / q$。電場強度的單位可以是每庫倫若干牛頓，也相等於每公尺若干伏特。

至於電場方向，則是電場施加在檢驗電荷上的電力方向。由於我們一向是拿帶正電的檢驗電荷來測試，因此，如果構成電場的電荷是正的，電場方向便是由檢驗電荷往外指；如果構成電場的電荷是負的，電場便是指向檢驗電荷本身。所以我們必須先分辨清楚構成電場的電荷所帶的電性，以及檢驗電荷所帶的電性。

33.2 電場線

由於電場具備大小與方向，所以它是一種向量。請看圖33.3的左方一個帶負電荷的粒子，周圍的向量指向該粒子。（如果該粒子帶正電，向量就自粒子向外指。向量的方向一定是以帶正電的檢驗電荷所受電力的方向爲準。）力場的大小是以向量的長短來表示的。長的向量代表強電場，短的向量代表弱電場。其實，若眞要以向量來表達完整的電場，那得在電荷周圍空間的每一點上都畫出向量來，可是如此一來，整幅圖就複雜得難以解讀了，所以我們只畫出幾個向量來代表。

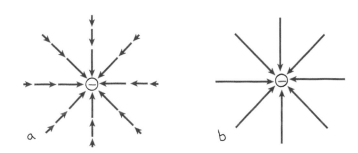

◀圖33.3
對一個負電荷引起的電場表示方法有兩種：(a)向量的表示法；(b)力線的表示法。

有一種比較有用的表示電場的方法，是用電場線來表達，那也叫力線（圖33.3的右方），這種方法是線條分得愈開，表示電場愈弱。在只有單獨一個電荷時，力線向無窮遠伸展。如果有兩個以上的相反電荷時，力線自正電荷起，至負電荷止。下一頁的圖33.4顯示了幾種電場的位形。

如果我們只是對隔離的點電荷所產生的電場有興趣，那電場的概念並無多大用途。點電荷之間的作用力可以用庫倫定律來闡述。

但是大多數情形之下，電子是分散在各種材料的表面上，而且電荷
是會運動的，這些運動又會使電場發生變化而影響到鄰近的電荷。

我們在這一章和下面幾章會看到，電場貯蓄著電能。

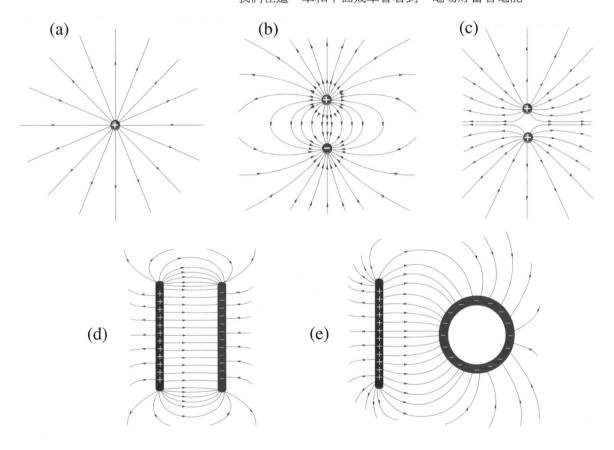

▲圖 33.4

幾種電場的位形：(a)單獨一個正電荷周圍的電場線。(b)一對相等而異性的電荷之間的電場線。注意力線是起於正電荷
而終於負電荷。(c)一對相等而同性的電荷之間的電場線。(d)兩片帶有相反電荷的平行板，板上電荷均勻分布，其電力
線也均勻相隔。(e)圓筒與平板各帶有異性的電荷。

❓ Question

假使在一支玻璃管的一端產生一電子束，使管的另一端內
部表面的磷屏幕發光。當電子束呈直線行進時，光點是在
屏幕的中央。如果電子束穿過兩片充著相反電荷的平板所
造成的電場，電子束就會偏向，我們假定它是偏向左方。
設若那兩片平板所充電荷的電性與原來的顛倒過來，電子
束會向哪個方向偏轉呢？

Ⓐ Answer

當兩片平板的電性顛倒過來時，電場的方向也必定顛倒過來，
於是電子束往右方偏向。如果將電場做成來回振盪，電子束也
將來回掃動。若再加上第二組更精細的電極板來控制，就可能
在屏幕上掃描出圖像來。

33.3 電屏蔽

　　為什麼汽車被閃電擊中，車內的乘員卻能平安無恙？因為那些
猛襲汽車的電子打到汽車的金屬外殼之後，立即互相排斥而散開到
全車，最後自車體跳出火花而放電到地下。汽車外殼中的電子在任
何時間，都會分布得讓車廂內的電場實際抵消為零。所有充了電的
導體都會如此。事實上，如果導體上的電子靜止不動，也正是導體
內部的電場恰恰為零。

　　充滿靜電的導體內部沒有電場，那並非由於電場不能穿透金
屬。這種現象的發生是因為導體中的自由電子只有在電場為零時，

▲圖 33.5
在一個帶電的空心球內，檢驗電荷所受到的力被抵消為零。

才會停止移動而「安定」下來，所以電荷會自行分布，使得物體內的電場確實為零。

舉一個簡單的例子，圖 33.5 中的一個帶電金屬球。因為電子的互相排斥，它們會盡可能彼此相隔得愈遠愈好，於是電子便在整個球面上均勻分布。你如果在球的中心擺一個帶正電的檢驗電荷，它就不可能感受到任何力。因為好比球左方的電子把檢驗電荷向左方拉，但是球右方的電子又會把檢驗電荷向右方拉，如此檢驗電荷所受到的淨力變成零，所以那裡的電場就是零。很有趣的是，不只球心位置的電場是零，導體內的任何位置都是如此。不過，那需要一些幾何計算來證明這一點，超出了本書的討論範圍。

如果這個導體不是球形，那麼電荷就不會平均分布。比如說，它是個立方形的導體，那麼在角落上會集合了大量的電子。最特殊之處是這立方形導體上的電荷，在表面和角落各處的分布，能使內部每一點的電場都正好是零。

如果導體內部有任何電場存在，都會使自由電子繼續運動，運動到什麼時候為止呢？運動到建立起平衡為止。那就是說，電子一直運動到使導體內部的電場成為零才停止。

圖 33.6 ▶
靜電荷分布在所有導體的表面上，使得導體內部的電場為零。

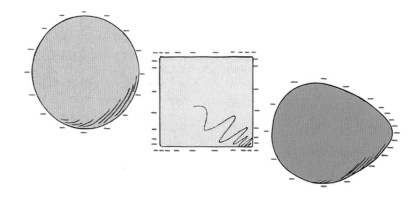

? Question

據說重力場與電場不一樣，它不能被屏蔽。可是地球中心
的重力場又因抵消而成為零，這不是重力場也可以被屏蔽
的證據嗎？

A Answer

不是。重力在行星內或者行星之間確實能夠抵消，但是它並不
能被行星或任何質量來屏蔽。例如在月食的時候，地球正巧位
於太陽和月亮之間，可是卻不會屏蔽了太陽的重力場以致影響
月亮的運行。如果有絲毫的屏蔽作用，經過千萬年的累積，應
該會使月食的時間發生變化，而為人們察覺。屏蔽作用需要綜
合排斥力和吸引力，然而重力只有吸引力。

　對於重力是沒有方法可以屏蔽的，因為重力只能相吸，沒有排
斥力來和它抗衡。然而屏蔽電場則十分簡單。將你自己或任何你想
要屏蔽的東西包圍在導體表面之內，把這導體表面放在任意強度的
電場之中。導體表面的自由電子就會自行分布到令內部所有電場都
互相抵消，使得內部電場成為零。這就是為什麼工程師要用金屬盒
子來裝某些電子元件，也是為什麼有些同軸電纜外面要用金屬包裹
起來：都為的是屏蔽外面所有可能發生的電力作用。

33.4　電位能

　在《觀念物理》第1冊的第8章，我們曾討論過做功與位能之間
的關係。施力讓物體沿著力的方向運動，就是做了功。一件物體在

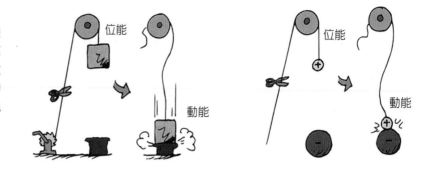

圖33.7▶
（左）將一塊重錘提高，是抗拒地球的重力場而做功。位置提高之後，重錘具備了重力位能。重錘落下時，此能量傳送到下面的椿釘上。（右）對電荷而言，也有類似的能量轉移。

力場中由於其位置而具有位能，例如你將物體舉起，你所施的力等於物體的重量。你將它提高一段距離，即是對此物體做功，同時也增加了物體在重力場的位能。提高的距離愈大，物體的重力位能也增加愈多。做功會使物體的位能增加，請看圖33.7。

　　帶電荷的物體也以類似的方式，藉由在電場中的不同位置而獲得位能。正如需要抗拒地球的重力場來做功以舉起重物一樣，將帶電的粒子在另一個帶電體的電場中移動，也需要做功。（這很難視覺化，不過重力作用和電力作用的物理倒是相同的。）在一個電場中，為了反抗電場而去推動帶電粒子，這種做功可增加這粒子的電位能。

　　圖33.8的上方表示：一個小小的正電荷離開帶正電的球有一段距離。如果我們把小電荷推近圓球，如圖33.8下方，就必須花費一些能量來克服電場的排斥力。我們知道壓縮彈簧需要做功，同樣的，反抗電場來推動電荷也要做功，所做的功就等於電荷獲得的能量。這種藉由位置而使電荷取得的能量，就稱為電位能。如果我們放開這電荷，它就會朝離開圓球的方向產生加速度，電位能就轉變成動能了。

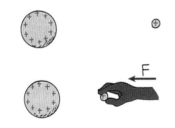

▲圖33.8
圖中那小小的正電荷愈靠近帶正電荷的圓球，就具有愈多的位能。因為需要做功才能將它移近圓球。

33.5　電位

如果在前面的討論中，我們改爲推動兩個電荷，那就要做兩倍的功，這兩個電荷在同一位置就會有一個電荷的兩倍電位能；三個電荷即有三倍的電位能；一組十個電荷即有十倍的電位能……以此類推。

在電學裡，我們不討論一群電荷的總位能，而是採用「每一單位電荷所具有的電位能」的觀念，較爲方便。單位電荷所具有的電位能是總體電位能除以總電荷量。在任何位置上，不論電荷量是多少，單位電荷所具有的電位能都相同。舉個例子來說明：在某一位置上，一個帶有十單位電荷的物體爲帶有一單位電荷的物體所具電位能的十倍。但是因爲它所帶的電荷也是十倍，所以單位電荷所具有的電位能是一樣的。這種單位電荷所具有的電位能，有一個專門的名稱，稱爲電位。

$$電位 = \frac{電位能}{電荷}$$

國際單位制的電位單位爲伏特，是因義大利物理學家伏特（Alessandro Volta, 1745-1827）而得名，通常使用的符號是 V。因爲位能的單位是焦耳，電荷的單位是庫倫，所以：

$$1 伏特 = 1 \frac{焦耳}{庫倫}$$

1 伏特的電位因此就等於每庫倫的電荷有 1 焦耳的能量；1,000 伏特就等於每庫倫的電荷有 1,000 焦耳的能量。它的物理意義是說：如果一個導體的電位是 1,000 伏特，要把一個小電荷從無窮遠處送來

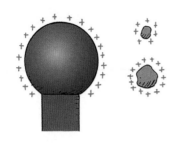

▲圖33.9

在帶電的球體所產生的電場中，
物體有較多電荷的位能較大，少
電荷的位能小。可是在相同位置
上，電位是相同的，與電荷量大
小無關。

放在這導體之上，每1庫倫的電荷需要的能量為1,000焦耳。（在實
用上，我們把距離任何電荷無窮遠處設定為零電位。在下一章的討
論中我們會看到，對電流而言的零電位是被設定為地下的電位。）
不過一個小電荷的電量遠小於1庫倫，因此需要的能量也遠少於
1,000焦耳。例如，將一個質子所帶的電荷加在這導體上，電荷只有
1.6×10^{-19}庫倫，僅需要1.6×10^{-16}焦耳的能量。

由於電位的量度單位是伏特（volt），電位的英文名稱通常叫伏
特數（voltage），中文譯名為電壓。在本書中，電位與電壓兩個名詞
會穿插使用。電壓的意義是一旦我們把零電壓的位置設定之後，別
的位置上的電壓，無論那位置上有多少電荷，或者甚至沒有電荷，
那兒的數值就被明確設定下來了。我們可以將電場中各個位置的電
壓一一設定，無論位置上是否有電荷存在。

❓ Question

如果圖33.9帶電球體的電場中，任一個靠近球體的充電
物體，它的電荷量是原來的兩倍，那麼它在那電場中所具
有的電位能是否也是原來電位能的兩倍？那物體的電位會
是原來電位的兩倍呢？還是與原來的一樣？

Ⓐ Answer

充電物體帶有兩倍電荷時，就會具有兩倍的電位能，因為將它
放在同一個位置時，需要做的功是原來的兩倍。可是電位並沒
有不同，因為電位是總電位能除以總電荷。在這個例子中，原
來的能量除以原來的電荷，與兩倍的能量除以兩倍的電荷，得
到的數值是一樣的。電位與電位能不是同樣的東西，你必須弄
清楚這點才能繼續讀下去。

拿一個膨脹的氣球在你頭髮上摩擦,氣球就會充上負電荷,而它的電位可能會高達數千伏特。如果氣球上的電荷是1庫倫,那就要用數千焦耳的能量才得使氣球達到這電位。然而1庫倫的電荷其實非常多,氣球因摩擦頭髮而取得的電荷一般遠小於百萬分之一庫倫。因此,在這帶電的氣球所得的能量非常非常的小,大約爲千分之一焦耳左右。高電壓只有在擁有大量電荷時,才具有大量的電位能。氣球摩擦頭髮的這個例子,主要是說明電位能與電位的差異。

▲圖33.10
雖然帶電的氣球有很高的電壓,可是它的電位能卻很小,因為它只有很小量的電荷。

33.6 電能儲存

電能可以儲存在一種稱爲電容器的元件裡。電容器幾乎在所有電路中都有。電腦主機板使用低能量電容器做爲電器開關。電腦鍵盤的每一個鍵下面都有電容器。照相機的閃光燈中,電容器能緩緩儲存大能量,然後在閃光時可以在短時間內迅速放出能量。同樣的原理,在國家級實驗室中,供應強力雷射的巨大能量也儲存在電容器極板之間,但規模可大得太多了。

最簡單的電容器是僅有一對近距離間隔的導體板片,互相並不接觸。當兩片平板連接到如圖33.11所示的電池之類的充電器材時,電荷就會由一片平板轉移到另外一片平板。那是由於電池上的正電極將與它連接的平板上的電子吸進去,經過電池內部後再從負電極出來,轉移到對面的平板上,電容器的兩片平板(極板)上因此帶有等量而電性相反的電荷。正電極板連結到電池的正電端,負電極板連結到電池的負電端。充電的過程必須等到兩片極板之間的電位差等於電池兩個終端間的電位差,也就是等於電池的電壓時,才算

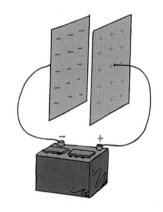

▲圖33.11
電容器由兩片相距很近的平行金屬平板組成。將它和電池連接上後,兩片平板就充上等量而電性相反的電荷。兩片極板間的電壓最後會等於電池兩端之間的電壓。

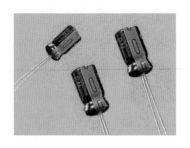

▲圖 33.12
電容器

完成。電池的電壓愈大，並且電容器的兩片極板愈大、愈靠近，儲存起來的電能也就愈多。

實用上，電容器的極板可用薄金屬箔來取代，其間用薄紙隔開。這種「紙箔三明治」再被捲起來塞進圓筒內以節省空間，就是我們日常所見的電容器了。

電容器的兩片極板之間如果有一條傳導路徑，電容器就會放電。若是你成為電容器放電時的通道，這可能會是個震懾人的經驗。有高壓電存在的地方，發生能量的傳遞時有可能會致命的。比如電視機背後的電源供應器，甚至在電源切斷之後仍然是危險的，這就是那些電器用品要貼上警告標示的原因。

儲存在電容器中的能量是來自充電時所做的功，能量以電場的形式存在於兩片極板之間。兩片平行極板之間的電場是均勻分布的，你可從前面的圖 33.4(d) 看出來。所以電容器所儲存的電能，就是那電場中儲存的電能。

電場就是電能的儲藏室，在下一章我們將可看到，能量可以被電場運送越過很長的距離，那可經由金屬線的引導，也可直接超越

工藝中的物理

噴墨印表機

噴墨印表機上的噴嘴，能在每秒鐘內噴射數千微細顆粒的墨水，當它在紙上來回穿梭時，這穩定的墨點噴射流就會印字在紙上。噴射流要穿過由電腦控制的小電極，使被選上的墨水顆粒充電。沒有被充電的墨水顆粒在經過平行板電容器時不受影響地穿過，在紙上印出字形來。帶了電的墨水顆粒則受平行板的電場偏折，以致印不到紙上。因此，在紙上產生的字形是由不帶電的小墨水顆粒印出的。空白的部分則對應於被偏折的墨水顆粒，永遠到達不了紙上。

空間。然後在第37章，我們會看到太陽的能量如何以電場與磁場的
形式輻射出來。電場中具有能量的事實，眞是影響深遠。

33.7　范氏起電機

　　范氏起電機是普遍使用於各實驗室，以產生高壓電的儀器。在
老舊科幻電影中，它常是被「科學惡魔」用爲閃電機器。

　　圖33.13顯示一台簡單的范氏起電機模型。在圓柱型的絕緣支架
上頂著一個巨大的金屬空心圓球。在支架裡面，有一圈由馬達驅動
的橡皮帶，它轉動時觸碰到下方一組梳子形狀的金屬針，針上經常

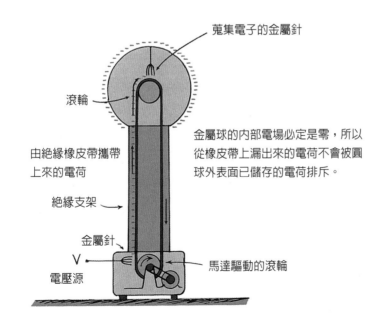

蒐集電子的金屬針

滾輪

由絕緣橡皮帶攜帶
上來的電荷

絕緣支架

金屬針

V

電壓源

馬達驅動的滾輪

金屬球的內部電場必定是零，所以
從橡皮帶上漏出來的電荷不會被圓
球外表面已儲存的電荷排斥。

◀圖33.13
范氏起電機的簡單模型

維持著高電壓，金屬針的尖端於是不斷放電，把電子送到橡皮帶上，橡皮帶上的電子隨著轉動上升進入空洞的金屬圓球內部，圓球頂的內表面上連結一支金屬針，於是橡皮帶上的電子被金屬針吸走，就像避雷針將空中的靜電吸走一樣。

電子因為會互相排斥，立刻就跑到金屬球的外表面上。（請注意，靜電荷在任何導體中都是分布到導體的外表面上。）於是球的內表面維持著未充電狀態，能夠繼續接受更多自橡皮帶運送上來的電子。這個連續性的過程可以使電荷建立起非常高的電壓，達到幾百萬伏特之譜。

一個半徑為 1 公尺的金屬球，它的電位可以被提高到 300 萬伏特，然後就會向周圍的空中放電（因為當電場強度到達約 300 萬伏特／公尺時，空氣就會被擊穿）。圓球的半徑繼續加大，球上的電壓可以繼續提高，或者將整個儀器放在有高壓氣體的容器中，也可提高電壓。范氏起電機約可以產生高達 2,000 萬伏特的電壓，這種起電機可將帶電粒子加速，做為貫穿原子核的子彈。如果你伸手碰觸起電機的圓球，會令你毛髮豎立（請見本書的封面）！

補充說明一下：發生電弧放電的電場強度，也就是空氣被擊穿的電場強度，與導體球的半徑成正比，因此，范氏起電器上巨大的圓球可以維持相當多的電荷，尚不至於發生電弧放電。然而避雷針的針尖卻很容易把電荷漏洩。針尖就等於一個半徑很小的圓球，圓球的半徑愈大，就能夠保存愈多的電荷也不至於放電。

觀念一把抓

觀念摘要

每一個電荷的周圍都充滿著電場

◆ 施加於檢驗電荷的電力最強的地方，電場就最強。

◆ 在任何一點上施加於帶正電的檢驗電荷的電力方向，也是該點的電場方向。

◆ 電場可以用電場線來表示。

◆ 靜電荷只能占據導體的外表面；在導體的內部，電場是零。

◆ 電場是能量的儲藏室。

帶電物體由於位置在一個電場之內，而具有電位能。

◆ 電位又稱為電壓，是帶電物體在電場之內的某一位置上，每單位電荷所具有的電位能。

◆ 零電位的位置必須特別指定；通常都是距離電荷無窮遠的地方。

◆ 電容器是貯存電荷及電能的元件。

重要名詞解釋

電場　electric field　充斥在每個電荷或一群電荷周圍空間的一種力場，以每電荷的力為測量單位（牛頓／庫倫）。（33.1）

超距作用　action at a distance　兩粒子不必接觸便可產生的交互作用，例如靜電力、磁力、重力。（33.1）

電位能　electric potential energy　電荷由於處在電場之內而擁有的能量。（33.4）

電位　electric potential　在電場中的一個位置上，每庫倫電荷所具有的電位能（焦耳／庫倫）；以伏特為單位，通常也稱為電壓。（33.5）

電壓　voltage　電位或電位差，單位為伏特。（33.5）

伏特　volt　電位的國際單位，符號為 V。（33.5）

焦耳　joule　功及其他形式能量的國際單位。用 1 牛頓的力施於一物體上，使物體朝施力方向前進 1 公尺時，所做的功即是 1 焦耳，符號為 J。（33.5）

電容器　capacitor　電路上用以貯存電荷的元件。（33.6）

范氏起電機　Van de Graaff generator　一種高電壓靜電的起電機器，電荷可由電壓源經由絕緣帶傳輸到高電壓終端，再由巨大、中空的金屬電極放電。（33.7）

借題複習

1.「超距作用」是什麼意思？（33.1）

2. 電場的觀念如何使超距作用的想像成為實際？（33.1）

3. 重力場與電場有什麼地方相似？（33.1）

4. 為什麼電場被認為是一種向量？（33.2）

5. (a)電場線是什麼？

(b)在相同範圍之內，電場線的方向與作用於帶正電的檢驗電荷的電力方向，是什麼關係？（33.2）

6. 電場線如何來表示電場強度？（33.2）

7. 當一個範圍內所有位置的電場具有同樣的強度時，電場線會是什麼樣子？（33.2）

8. 為什麼汽車被雷電擊中，裡面的人仍然安全？（33.3）

9. 在帶電的導體內部，電場會有多大？（33.3）

10. (a)重力可以被屏蔽嗎？

(b)電場可以被屏蔽嗎？（33.3）

11. 你在一件物體上做功，它的位能與你做功的大小之間有什麼關係？（33.4）

12. 如何才可以使電場內的帶電粒子提高電位能？（33.4）

13. 在電場內的帶電粒子若是被放開讓其自由移動，它的電位能會發生什麼變化？（33.4）

14. 請辨明電位能與電位的異同。（33.4）

15. 如果你做功，讓更多的電荷頂著電場移動過同樣的距離，結果必然是增加了更多的電位能，為什麼你沒有增加更多的電位呢？（33.5）

16. 電位能的國際單位是焦耳，電位的國際單位是什麼？（33.5）

17. 在一個地點上必須要有電荷才能具有電位能。在那地點上是否也必須要有電荷才有電位呢？（33.5）

18. 當電位能相對來說較低時，怎麼電位反而是高的呢？（33.5）

19. 范氏起電機上的圓球帶電之後，球的內表面上所分布的電荷與球的外表面的電荷分布有何不同？（33.7）

20. 在一個1公尺半徑圓球的范氏起電機上，能建立多高的電壓，才會導致在空氣中放電？（33.7）

想清楚，說明白

1. 電場與重力場不同之處在哪裡？

2. 重力場的向量都是指向地球；一個質子產生的電場向量卻都是自質子向外指，請解釋為什麼。

3. 設想在帶電荷的平行板電容器的中間，有一個「自由」電子和一個「自由」質子被設法固定住。它們同時被放開時，各自會往哪個方向加速運動？如果我們忽略不計這電子與質子間的吸引力，哪一個會先到達電容器的極板？

4. 假使在距離一個單獨的點電荷1公尺之處，其電場強度為某一個數值。在距離這個點電荷2公尺之處，其電場強度相較會如何？你用什麼定律來求得答案？

5. 當一個導體充電之後，電荷會移向導體的外表面上。為什麼會如此？

6. 假設有一個金屬檔案櫃被充電了，櫃子的角落上電荷密度與櫃子平面部分的電荷密度相比，會有何不同？請解釋理由。

7. 如果我們說，一物體的電位是另一物體的兩倍，那麼該物體的電位能也是該另一物體的兩倍，這樣說正確嗎？請解釋理由。

8. 一個帶電的氣球，即使電壓很高也對人無傷。理由是否類似於過年所玩的火花棒那高於攝氏1,000度的火花也不會傷人？

9. 電容器的淨電荷是多少？

10. 當你被范氏起電機這類儀器充電時，爲什麼會毛髮豎立？

實戰演練

1. (a)如果你把0.001庫倫的電荷在電場中自A點推至B點，所做的功是12焦耳，A點與B點之間的電壓相差多少？

   (b)在B點將電荷放開，它會衝回原來的A點，到達A點時電荷的動能是多少？你用什麼定律獲得答案？

2. (a)假使你推動0.002庫倫的電荷，也就是上一題的兩倍，自A點到B點所做的功要24焦耳。現在，A點與B點之間的電壓相差又是多少？

   (b)如果現在把電荷自B點放開，它衝回A點時的動能是多少？

第 34 章

電　流

前面一章我們討論過電位，也就是電壓。這一章將說明電壓是電流的壓力，也就是導體內部電荷流動的原因。電荷的流動會遭遇一些電阻。如果電流是流向單一方向的，就稱為直流電；如果電流是變換方向的，就稱為交流電。電流對於能量的傳送率，稱為功率。

　　現在你應該已經覺得名詞太多，並不太容易弄清楚。不過當你對這些名詞所代表的意思有了進一步的了解之後，就不會再霧裡看花了。更深一層，如果你知道各個名詞之間的相互關係，那會更加清楚這些名詞的涵義。好啦，我們就從電荷的流動開始吧！

34.1　電荷的流動

　　回憶你學習熱和溫度時念過的，當導體的兩端溫度有差異時，就有熱量在導體中流過。熱流是自高溫的一端流往低溫的一端，直到兩端的溫度相同時，熱流會自然停止。

　　同樣的方式，當導電體的兩端產生電位差時，電荷即自電位高的一端流向電位低的一端。凡是導體兩端有電位差（電壓），就會有電荷流動。電荷繼續流動直到兩端電位相同。凡是沒有電位差存在的導體，也就沒有電荷的流動。

　　舉一個例子，如果把一根導線的一端接地，另一端接觸范氏起電機上有高電位的大圓球，就會有一股電荷流過導線。這股電流會十分短暫，因為起電機的圓球很快就降到與接地相同的電位了。

　　如果要讓導線維持長久的電荷流動，則必須要有某些設施，使電荷自一端流向他端時維持不變的電位差，這情況就類似水自高的水槽流往低的水槽，見圖34.1左方。只要兩者的水位有差異，水就會在連結兩水槽的水管流過（這是「水找到自己的水位」的涵意）。

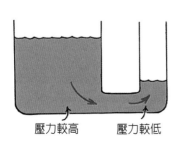

壓力較高　　壓力較低

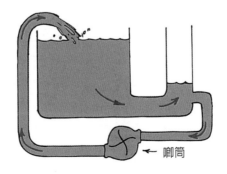

← 唧筒

◀圖34.1
（左）水從水管高壓的一端流至低壓的一端，壓差若不再存在時，水流也就停止。（右）水繼續不斷的流，因為唧筒維持了水槽間的水位差。

管中的水流其實和范氏起電機與接地之間的導線電流一樣，當兩端的壓力相等時就會停止流動。為了維持水流，我們得依賴某種合適的唧筒來抽水，以維持水位的落差（請見圖 34.1 右側），然後才有持續的水壓差和不斷的水流。電流也是如此。

34.2　電流

電流就是電荷的流動，非常簡單。在固態導體內，攜帶電荷的電子可在電路中流過，這是因為電子可以在原子的結構內自由移動，這些電子稱為傳導電子。另一方面，質子則結合在原子核之內，程度不等地被鎖住在固定位置上，無法自由移動。

在液態導體內，例如汽車電瓶中的電解液，正離子和負離子都與電子一樣，在溶液中攜帶電荷流動。

電流的量度單位稱為安培，國際單位制的符號為 A。1 安培的電流是每秒鐘流過 1 庫倫的電荷（請記住庫倫是電荷單位，1 庫倫等於 624 萬兆個電子所含有的電荷）。

舉個例子來說明，一條電線帶有 5 安培的電流，就是說這電線的任一橫截面上，每秒鐘有 5 庫倫的電荷通過。那是等於有非常多的電子流過。一條載有 10 安培電流的電線，每秒鐘流過橫截面的電子，則是 5 安培電流的 2 倍之多。

必須提醒的是，載有電流的電線內沒有淨電荷。當電流通過的時候，負電性的電子湧進由帶正電的原子核所組成的原子結構中。在正常情形下，電線內的電子數目等於原子核內的質子數目。當電子通過電線時，自一端進入的電子數量與他端流出的數量完全相

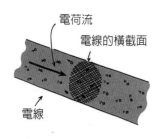

▲圖 34.2
電荷通過任何橫截面的流通率為每秒鐘 1 庫倫時，電流就是 1 安培。

同,所以任何時間,電線內的淨電荷都是零。

34.3 電壓源

若不是有電位差,電荷是不會流動的。想要有持續的電流,就需要一具合宜的「電唧筒」來供應持續的電位差。提供這種電位差的東西稱為電壓源。

如果你把一個金屬球充滿正電荷,再把另一個金屬球充滿負電荷,兩球之間將建起很大的電壓。但這個電壓源並不是良好的電唧筒,因為用導線將兩球連接時,在一個明顯的電湧浪過後,兩個球的電位就拉平了,所以並不實用。不過請放心,我們早已有乾電池、濕電池、發電機等等玩意兒,能夠維持穩定的電流。(電瓶是由兩個或多個電池聯結而成。)

乾電池、濕電池、發電機都能夠供應使電荷移動的電能。在乾電池和濕電池中,電池內部的化學反應放出能量,而這能量又被轉變成電能(關於乾電池和濕電池內部的化學反應,讀者可以在任何化學教科書中找到)。至於發電機,例如汽車上使用的交流發電機,是將機械能轉變成電能,這會在第37章中討論到。

無論何種方式產生的電位能,都可以從電池或者發電機的端鈕上取得。促使電子在兩個端鈕之間流動的電壓(有時稱之為電動勢)就是每庫倫電荷的電位能。譬如連接到1.5伏特電池兩端的電路中,每庫倫的電荷就等於有1.5焦耳的能量在推動。

電壓就是對電荷的壓力,促使電子在電線的兩端之間移動。

電力公司以巨大的發電機供應110伏特的電源到家庭中的插座

裡。插座的兩孔間有平均為110伏特的交流電位差。當我們把插頭的叉片插入插座中，就把這平均110伏特的電壓加在與叉片相連的電路上，也就是為每庫倫的電荷提供了110焦耳的能量，使它們在電路中通過。

「電荷在電路內流過」和「電壓加在電路兩端」這兩個觀念，常常會造成一點混亂。要辨明這兩個觀念，我們可以考慮一條充滿水的管子。如果水管的兩端之間存在有壓差，水就會從管中流過。那是水流過水管，壓力則不會流過水管。同樣的道理，你可以說因為電壓施加在電路兩端，所以電流在電路中流過。你不能說電壓在電路中流過。電壓是不會跑動的，會跑的是電荷，電壓造成電流。

我們常說電流在電路中流動，這是個很單純的觀念。可是你在用詞挑剔的人面前卻要小心，因為「電流流動」這種說法有點兒累贅。較正確的說法是電荷流動，簡稱為電流。

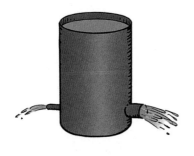

▲圖 34.3
在同樣的壓力之下，大口徑的水管出水較多，小口徑的水管出水較少。同樣的，在相同電壓下，直徑大的電線比直徑小的電線流過的電流較多。

34.4　電阻

由電壓源供應的電壓，決定流過電路中的電流量，同時，導體對電荷流動產生的阻力，就是電阻，也能決定電流的量。這也十分類似水通過水管的流率，不只是由水管兩端間的壓差來決定，並且也受到水管對水流所生阻力的影響。

製造電線所用的材料，其導電性（即是導電是否良好）固然是決定電線電阻的主要因素，而電線的粗細、長短也能影響到電線的電阻：粗的電線比細的電線阻力小，長的電線比短的電線有更多的阻力。

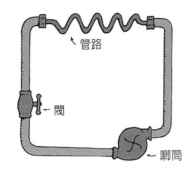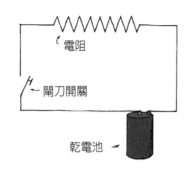

簡單的水管管線和電路的示意圖

此外，電阻與溫度也有關係。導體內的原子擾動得愈大時，導體對於電荷流動所施加的阻力，自然就愈大。對大多數導體而言，增加溫度即是增加阻力。（碳元素是十分有趣的例外。在高溫之下，碳原子對電子的束縛力會降低，使電子可以在原子間自由遨遊。因此碳的電阻因溫度上升而減小，這種特性再加上它的高熔化溫度，使我們用碳來做電弧燈。）有些材料在非常低的溫度時電阻變為零，這種材料稱為超導體，我們在第32章曾簡單提到過。

電阻的量度單位稱為歐姆，符號為希臘字母的 Ω（omega），這是因紀念德國物理學家歐姆（Georg Simon Ohm, 1789-1854）而命名的。歐姆於電路中測試了不同的電線，率先研究電線對電流產生的電阻效應。

34.5　歐姆定律

歐姆發現：電路中的電流與跨越此電路所施加的電壓成正比，與電路中的電阻成反比。我們簡單地寫成：

$$電流 = \frac{電壓}{電阻}$$

　　這個電壓、電流與電阻三者之間的關係稱為歐姆定律。有些教科書用 V 代表電壓，I 代表電流，R 代表電阻，歐姆定律就寫成 V ＝ IR。在數學上的表達方式也可以是 I ＝ V／R，或者，R ＝ V／I。因此，如果其中兩個變數為已知，就可以算出第三個變數來。

　　這三個量之間的量度單位關係為：

$$1 安培 = 1 \frac{伏特}{歐姆}$$

　　因此，在一個電阻不變的電路中，電流與電壓成正比。這意思是說，如果有兩倍的電壓，就會產生兩倍的電流。電壓愈大，電流也愈大。但是，如果將電路中的電阻加倍，電流就會比原來的減小一半。電阻愈大，電流則愈小。你看，這歐姆定律實在很有道理！

　　一盞電燈所用的電線，電阻遠小於 1 歐姆。一個普通的電燈泡，電阻約為 100 歐姆。熨斗或者烤麵包機的電阻通常大約為 15 至 20 歐姆。低電阻容許較大的電流通過，會產生較大的熱量。在收音機和電視機之類的電器用品裡，用以調節電流的電路元件稱為電阻器，電阻器的電阻值可以是幾歐姆，也可以大到幾百萬歐姆。

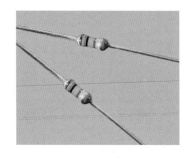

▲圖 34.5
電阻器。顏色條紋是用來標示電阻歐姆數的色碼。

❓ Question

1. 一個電鍋連接到 120 伏特的電源時，會有 12 安培的電流通過。請問電鍋的電阻是多少？

2. 一座檯燈的電阻是 100 歐姆，當電路的兩端接上 50 伏特的電壓時，請問會有多少電流通過？

電化學中的物理

電解

　　電化學是關於化學變化與電能的科學。液體中的分子會因電流的作用而分離開來，這就是電解。一個很普通的例子就是：將電流通入水中，使得水分子分解成氫與氧這兩種成分。

　　汽車電瓶的充電過程，是最常見的電解過程。從礦石提煉金屬也常利用電解方法，我們常見的鋁金屬就是用電解法提煉出來的。今天鋁金屬非常普遍，但是在發明電解法煉鋁之前，鋁的價值比金和銀還要高呢！

Ａ Answer

1. 電鍋的電阻是10歐姆。

　　（電阻＝電壓／電流＝120伏特／12安培＝10歐姆）

2. 通過的電流是0.5安培。

　　（電流＝電壓／電阻＝50伏特／100歐姆＝0.5安培）

34.6 歐姆定律與電擊

　　人的身體遭受電擊是電壓造成的呢？還是電流造成的？

　　電擊所造成的傷害是電流通過身體的結果。我們可以從歐姆定律看到，電流是因所施的電壓而定，也會因人體中的電阻來決定可通過的電流大小。

　　我們身體中的電阻隨環境差異而變化甚大，可以小到只有100歐

電壓提供推力

電阻反抗推力

結果產生電流

姆（例如你全身浸在鹽水中），大到大約500,000歐姆（例如你全身的皮膚非常乾燥）。擦乾手指才去觸摸電瓶的電極，你身體上對於電荷流動的有效電阻大約是100,000歐姆。通常碰碰12伏特的電瓶，你不會有什麼感覺；對於24伏特，你可能感到輕微的搔癢。如果你的皮膚潮濕，那又不同了，24伏特會令你非常難受，因為身上的電阻變小了，通過的電流可就大多了。

下面的表34.1，列出了不同的電流量對人體的效應。

表34.1　人體對各種電流的效應	
（以安培為單位的電流）	（效應）
0.001	感覺得到
0.005	覺得很痛
0.010	肌肉自行抽搐（痙攣）
0.015	肌肉失去控制
0.070	如果通過心臟會有嚴重衝擊； 若電流持續超過一秒鐘則可能致命。

❓ Question

1. 假設你身體的電阻是100,000歐姆，當你碰觸到12伏特的電瓶兩端時，通過你身體的電流會是多少？

2. 如果你的皮膚非常潮濕，使你身體的電阻僅有1,000歐姆，此時你不慎觸到一個24伏特電瓶的兩端，請問你會使多少電流通過？

Ⓐ Answer

1. 通過你身體的電流完全無害，這可從下式算出：

電流＝電壓／電阻＝ 12V ／ 100,000 Ω = 0.00012A

2. 你所傳導的電流是：

24V ／ 1,000 Ω = 0.024A

這電流已是個危險數值。

　　每年有許多人被普通家用的110伏特電路所生的電流擊死。如果你站在地上用手觸摸一個有毛病的電燈，你的手和地之間就會有110伏特的電位差。通常鞋底會使你的腳底和地面間有很大的電阻，因此通過你身體的電流大概不會造成嚴重的傷害。但是，如果你赤腳站在有水的浴缸裡，浴缸中的排水管是直接傳到地下的通道，於是你和接地之間的電阻十分微小，你的全部電阻恐怕太低，以致110伏特的電位差都可能產生危害你身體的電流，造成巨大的傷害。

　　吹風機的開關上若聚積了一些水滴，就可能讓電流傳到使用者的手上。因為蒸餾水雖然是很好的絕緣體，但自來水中的一些離子，會使得水的電阻大量減低。這些離子是溶解在水中的物質，特別是食鹽。在你出汗的皮膚上也經常有一層鹽分留下，遇到水後就使你皮膚的電阻降低到只有幾百歐姆或甚至更低。所以，洗澡的時候使用電器是一件非常危險的事情。

　　你曾見過鳥棲息在高壓電線上，為什麼牠們安然無恙？因為牠們身體的每一部分和高壓線都有同等的高電位，並不會感到任何不適的效應。鳥體上的一部分和另一部分之間，要有電位差才會造成電擊。那時，大部分的電流會從兩點之間最小電阻的途徑通過。

　　假設你從一道橋上失足摔下，幸而一手抓到一條高壓電線而吊

▲圖34.6
一具潮濕的吹風機在手上，有可能如同把手指插進帶電的插座中一樣危險。

▲圖34.7
鳥能站在一條高電位的電線上而不受傷害，但是牠最好不要把一隻腳跨到旁邊的那一條電線上。為什麼？

▲圖34.8
插頭上的第三根插柱，可將電器的外緣直接連接到地下。因此，任何聚集在電器的電荷都會被傳導接地。

在空中，只要你不再碰到任何不同電位的東西，你就不會遭到電擊。即使電線的電位比地下高出數千伏特，你用雙手吊掛在電線上也不會有電荷從你的一手流到另一手，那是因為兩手之間的電位差微不足道。然而，如果你大意用一隻手去抓住另一條不同電位的電線，那就完蛋啦！

當一件電器用品的表面和附近器具的表面之間有一點電位差，你會感到輕微的電擊。你碰到不同電位差的表面時，你會變成電流的一條通道，有時候這效應還蠻強的。要防止這個問題的發生，可以把電器的外表面連接到地線上，這地線是連接到三線插頭上圓柱形的第一根插柱上。在房屋的電路系統中，所有插頭的地線是連結在一起的。插頭上那兩片扁平的插片是用於帶電流的雙線上。如果不小心有一條帶電的電線碰到電器的金屬表面時，地線可以把電流直接傳導過來，不至於電到你拿電器的手。

人體遭受電擊所受的傷害，是組織被高溫燒傷或神經系統受到衝擊，它可能使控制呼吸的神經中樞癱瘓。要拯救觸電者，首要的工作是以木棒或是不導電的器具將觸電者隔離電源，千萬小心不要讓你自己也遭到電擊，然後才為觸電者進行人工呼吸。

Question

電壓和電流，是哪一個造成電擊？

Answer

電擊的起頭原因是電壓，但是造成傷害的是電流。

34.7　直流電與交流電

　　電流有直流電（DC）和交流電（AC）的分別。直流電所指的是電荷的流動總是朝一個方向。電瓶產生直流電通過電路，因為電瓶兩端電極的正負維持不變，電子在電路中以同樣的方向流動，自負極端鈕被排斥出來，到正極端鈕被吸收回去。即使電流是以不穩定的脈衝方式通過電路，只要它流動的方向維持單一方向，它就是直流電。

　　交流電的行為與名稱相符。電子在電路中先向一個方向流動，然後再以相反的方向流動，也就是在一個相對有限的位置附近進行往復的流動。這種流動是藉由發電機或其他電壓源上交換電壓極性來達成的。幾乎全部北美洲的商業交流電路（120 伏特）都是用每秒鐘 60 週的頻率往復交換電壓和電流，這就是 60 赫茲的電流。有些地方也會用到 25 赫茲、30 赫茲、或者 50 赫茲的電流。

　　北美洲的交流電電壓通常是 120 伏特。早期的用電常因電壓太高而燒掉燈泡的燈絲，由於 110 伏特的電壓足夠使當時的電燈和煤汽燈一樣亮，於是在 1900 年之前建造的數百家發電廠都採用 110 伏特（也有 115 至 120 伏特）做為標準。等到歐洲的電業漸漸普及時，工程設計已經發展出用較高電壓也不至於迅速燒毀的燈泡，由於電力的傳送以較高的電壓較為有效，於是歐洲採用的電壓標準是 220 伏特的。而美國仍然維持 110 伏特（雖然號稱 120 伏特）的規格，因為許多基礎設施和配件都是按照 110 伏特的標準來設計的。

　　如果你進一步研習電學，就會發現 120 伏特是稱為「方均根」（root-mean-square）的電壓平均值。120 伏特的交流電路，它真正的

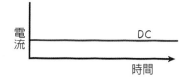

▲圖 34.9

直流電（DC）不會隨時間改變流向。交流電（AC）會週期性的往復改變流向。

電壓變化是從正170伏特的高峰至負170伏特的高峰。這種交流電壓提供給電熨斗等電器的能量，和以120伏特直流電提供的能量是一樣的。

雖然美國家庭中的電燈以110至120伏特的電源操作，有一些如電爐之類需要大量電能的器具則需要220至240伏特來操作。那怎麼可能呢？沒問題，因為大多數的電力公司都是提供三線的電源：一條線是正的120伏特，一條線是零伏特（電中性），再一條線是負的120伏特。這些都是交流電，以60赫茲進行正負的交換。一條線在這一瞬間是正電，在1/120秒之後它變成負電。多數的電器用品是跨接在電中性線和任一條帶電的線，就可產生120伏特的電壓。如果將電器跨接正120伏特與負120伏特這兩條線上（正與負在此可任意指定，重要的是它們必互相相反、交替發生），就產生了240伏特的往復幅度，剛好用於電爐、空調器、烘衣機等大傢伙電器上。

交流電受到喜愛，是由於交流方式的電能很容易可被提高電壓，以便進行遠距離的傳輸。高電壓使輸電線的熱損耗減低，我們將在第37章再討論為什麼會有這種功用。

無論是交流電還是直流電，電流的主要好處是可以自一地傳遞能量到另一地。傳遞時十分安靜，即使遙遠偏僻的地方也能送達。

34.8　把交流電轉換為直流電

你家裡的電源是交流電。用電池運作的器具，例如掌上型計算機則是直流電。只要加接一個交直流換流器，就可以不用電池而使用交流電來運作這器具。這種換流器除了要用變壓器將電壓降低

（將在 37 章討論）之外，只需要一個二極體即可。二極體是一個小小
的電子器件，它有一種單向閥的功能，讓電子只能朝一個方向流
過。由於交流電是雙向交替的流動，所以只有半個週期的電流可以
通過這個二極體，輸出來的是有一半時間無電流的粗糙直流電。但
是我們可以用電容器來使電流變成連續的，甚至將突出部分撫平，
請看圖 34.10。

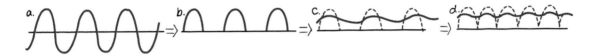

▲圖 34.10
(a)輸入二極體時是交流電，(b)輸出的是脈衝式直流電。(c)電容器的充電及放電功能造成連續而平滑的電流。
(d)實用上，我們使用一對二極體，使輸出的電流沒有空隙。那是將這兩個二極體的極性相反連接，讓本來不能
通過的半個週期電流反向通過。

34.9 電路中電子的速率

當你把電燈開關撥向開燈的一方時，電路立刻就接通了，燈泡
馬上亮起來。當你撥通了電話，你講話的聲音藉電訊號傳送到電話
線的另一端，速率似乎是無限快。這些訊號是經由導體以近乎光速
來傳送，但那是訊號傳送的速率，不是電子移動的速率。

在室溫中，金屬導線內的電子由於熱運動，平均速率大約為每
小時幾百萬公里。可是這種運動不會產生電流，因為那是一種朝向
四面八方的隨機運動，不會在哪個方向上有淨流。但是，如果你把

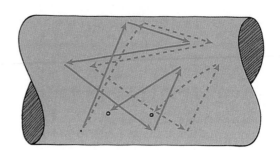

▲圖 34.11
實線模擬的是電子在導體中和原子碰撞,而可能產生的隨機路徑,它們的瞬時
速率大約是光速的 1/200。虛線是誇張模擬了當施加電場時,這種隨機路徑的
變化。電子向右方漂移,其平均速率比蝸牛爬行還要慢。

導線接連上發電機或電瓶,在電線的內部建立起電場,這個電場便
會以近乎光速在電路中行進。這時候,電子仍然會繼續它們的隨機
運動,可是同時又會被電場驅使,沿著電線移動。

　　導線擔任的角色是引導電場線的走向,也可說是提供通道給電
場線,請見圖34.12。在導線外面的空間,電場的位形是由包括導線
內外的電荷分布來決定的,導線裡面的電場則跟隨導線前進。如果
電壓源是直流電,如圖34.12所示的電瓶,電場線就在導線內維持著
單一的走向。

▲圖 34.12
電池兩端之間的電場線,是由連
接兩端鈕的電線所導引的。

　　傳導電子被電場沿著與電場線平行的方向加速,它們才取得一
點點速率的時候,就會撞到固定不動的金屬離子,並將它們所獲得
的動能轉移到那些離子上。這是有電流通過的電線會發熱的原因。
這樣的碰撞,使電子的運動受到干擾,於是它們的淨速,也就是在
導線因電場而起的漂移速率,只能非常之小。在一個典型的直流電
路中,例如汽車內的電路系統,電子的平均淨漂移速率每秒約只有

0.01公分。以這種速率，電子在電線中移動1公尺的距離大約需要三個鐘頭。

在交流電路裡，傳導電子不會在任何方向上得到淨前進。在半個週期中，它們朝一個方向漂移了若干分之一公分的距離，接著又以相反的方向漂移回來。因此它們是在相對固定的位置上很有韻律地來回振盪。當你用電話和朋友講話時，是聲波振盪運動的波形以近乎光速被傳送到遠方朋友的耳旁。電子在電線裡只是依照行進波的韻律往復振動而已。

34.10　電路中電子的來源

你可以到五金店裡買一條新水管，管裡面不會裝灌了水。但是你不可能買到一條電線，裡面沒有電子的。

在電路中，電子的來源就是電路的導電材料本身。有些人以為他們家中牆壁上的插座是電子的來源，他們想成電子是由發電廠流出，通過了輸電線而進入他們房子牆上的電插座裡。這種想法是不對的。我們家中的插座都是交流電，前面說過交流電路中的電子是走不了一點點遠的，它們只能在相當穩定的位置上進行往復的振動而已。

當你把電燈的插頭連接交流電插座時，電能就從插座進入電燈，但不是電子流入。電能是隨著電場輸往燈絲的，造成原來就在燈絲的電子振動。如果施加在電燈的交流電有120伏特的電壓，那麼每庫倫的電荷被振動時，在振動中會發散出120焦耳的電能，這電能大部分會轉換成熱能，當然一部分則變成光。

燈絲

▲圖34.13
在燈泡的燈絲裡往復激烈振動的傳導電子，並非來自電壓源，它們本來就是在燈絲裡面。電壓源只不過把能量如湧浪般，供應給那些電子。

發電廠並不出售電子，他們出售電能，電子則由你自己提供。

所以，如果你遭受到電擊，在你身體內發生了電流，這些電流裡的電子本來就是在你身體裡面，電子不會從電線進入你的身體再流入地下，是電能進入你的身體；電能不過是把你身體內部的自由電子做一致的振動。微弱的振動讓你刺痛一下，強大激烈的振動可是要命的。

34.11　電功率

除了超導體之外，電路中電荷的運動都要消耗電能：有時候使電路發熱，有時候則是用於轉動電動機。電能可以轉變成機械能、熱能、光等等各種形式的能量，電能轉變成其他形式能量的轉換率，稱爲電功率。電功率等於電流與電壓的乘積。

$$電功率 = 電流 \times 電壓$$

上面這個公式也可以從電流和電壓的定義導出來：電流×電壓＝（電荷／時間）×（電能／電荷）＝電能／時間＝電功率。

如果電壓以伏特爲單位，電流以安培爲單位，那麼所得到的電功率是以瓦特爲單位。附上單位的計算是：

$$1 瓦特 = 1 安培 \times 1 伏特$$

如果一個燈泡標定爲120瓦特，在120伏特的電線上點亮，你立刻可以指出它取用的電流是1安培，因爲120瓦特＝1安培×120伏特。60瓦特的燈泡在120伏特的電線上，則是取用了0.5安培的電

流。這個計算公式非常實用，因爲你可以算出每個月你需要繳交多少電費。通常電費是每千瓦小時爲若干元，價格因你所住的地區不同而有差異。

　　1千瓦的單位就是1,000瓦特，1千瓦小時是表示功率爲1千瓦的器具使用1小時所耗的電能（這是因爲功率等於電能除以時間，所以電能就等於功率乘以時間。因此電能也可以用千瓦小時做爲單位）。如果一個小鎮的電價爲每千瓦小時需5元，一盞100瓦特的電燈用10小時就需5元，也就是每小時只要0.5元。烤麵包機和電熨斗使用較多電流，也可說功率較高，在使用時間相同下，這些電器的用電費用比電燈多了幾倍。

　　補充說明：電力公司習慣以千瓦小時做爲銷售電能的單位（台電1度電，即是1千瓦小時），而物理學界則以焦耳爲電能的單位。1千瓦小時等於3.6×10^6焦耳。

　　電學中的單位已經有長長的一串了，再加上些不同的名字來重複稱謂相同東西的單位，使學習物理變得更加困難，實在是件不幸的事情。前面我們學過的單位有：庫倫、伏特、歐姆、安培、瓦特、千瓦、千瓦小時等等。你若是能夠熟習和辨識它們就可以了。希望嫺熟地運用電學單位的人，必須進行一些實驗研究，和研讀深一點的教科書。那就得花相當的時間和苦功才能了解電學。如果你覺得目前這些材料已經有點困難了，我還是建議你堅持一下，好好定下心來學習。

? Question

1. 一具計算機使用 8 伏特和 0.1 安培的電來運作，請問它的功率是多少？如果連續使用一小時，它消耗多少電能？

2. 如果一條 120 伏特的電線配置一個限 15 安培電流的安全保險絲，那可以用來操作一具 1,200 瓦特的吹風機嗎？如果在同一條電線上操作兩具吹風機呢？

A Answer

1. 電功率＝電流×電壓＝0.1 安培×8 伏特＝0.8 瓦特。如果連續使用 1 小時，那麼電能＝電功率×時間＝0.8 瓦特×1 小時＝0.8 瓦特小時，也就是 0.0008 千瓦小時。

2. 使用一具吹風機沒有問題，因為這電路能夠供應 15 安培×120 伏特＝1,800 瓦特。但是同時用兩具吹風機需要 2,400 瓦特的電功率，這一條電路承受不了。這問題也可以從電流的總量來判斷，因為 1 瓦特＝1 安培×1 伏特，接著可以算出 1,200 瓦特／120 伏特＝10 安培；所以一具吹風機可以接在這電線上操作；但是兩具吹風機需要 20 安培的電流才夠，同時接在這個插座上會把 15 安培的保險絲燒掉。

觀念一把抓

觀念摘要

電流是電荷的流動,當導電體的兩端之間有電位差時,才會在導電體中產生電流。

- ◆一直到兩端達到相同電位時,電流才會停止。
- ◆乾電池、濕電池、發電機等都是電壓源,電壓源能夠維持電路的電位差。

通過電路的電流量,由「電壓」與「導體對電荷流動所產生的電阻」這兩樣因素來決定。

- ◆溫度的增加、電線的加長,都會使電阻增加。
- ◆粗一點的電線,可使電阻減少。

歐姆定律指出:電流大小與電壓成正比,與電阻成反比。

- ◆許多電路使用電阻器來控制電流。
- ◆當身體的兩部分之間有電位差存在時,就會有電流從身體中通過,結果就是發生電擊。

直流電是電荷只朝一個方向流動的電流;交流電裡的電子反覆變換它們流動的方向。

- ◆電瓶產生直流電;發電廠生產交流電。

◆交流電可以低成本、高電壓做長距離的傳輸，再讓消費者使用安全的低壓電能。

電場在電路中以接近光速的速率行進，電子本身則不行。

◆直流電路中，電子在電線中以低速漂移。

◆交流電路中的電能是由電源插座供應的；電子不會自插座流入電路，它們只是在電路中快速朝向四面八方進行有韻律的振動。

電功率是電能轉變成其他形式能量的轉換率，它等於電流與電壓的乘積。

重要名詞解釋

電位差 potential difference　兩點之間電位（電壓）的相差。當電位差存在時，自由電子即會流動，一直到這兩點達到共同電位為止。（34.1）

電流 electric current　電荷的流動，測量單位是安培。（34.2）

安培 ampere　電流的國際單位，符號為 A。1安培是每秒鐘流過1庫倫的電荷。（34.2）

電壓源 voltage source　可供應電位差的器具，例如電池、發電機均是。（34.3）

電動勢 emf, electromotive force　浸在電解液中、或以離子導體連接起來的兩根相異電極之間的電位差。這是電化學的名詞。（34.3）

電阻 electric resistance　電流在物體內流動時所遭受到的阻力。測量單位是歐姆，符號為 Ω。（34.4）

歐姆 ohm　電阻的國際單位。以1伏特的電壓施加於某一個元件上，而允許通過1安培電流時，該元件的電阻值為1歐姆。（34.4）

歐姆定律 Ohm's law　電路上的電流大小，與施加於該電路的電壓成正比，與電路的電阻值成反比。（34.5）

直流電 DC, direct current　電荷永遠只朝一個方向流動的電流。（34.7）

交流電 AC, alternating current　流向反覆改變的電流，每週期改變兩次。通常在北美的用電是每秒鐘60週，也就是60赫茲。（34.7）

二極體 diode　「只允許電流在兩接點之間以某一方向通過」的電子元件。電流的方向稱為順向，產生順向電流的電壓稱為「順向電壓」；若是施加反向電壓在二極體上，除非高到超過某一臨界值導

致二極體崩潰，否則無法產生反向電流。（34.8）

電功率　electric power　電能轉換成別種形式能量的轉換率，例如轉換成光、熱或機械能等。也可以是由這些形式的能量轉換成電能。（34.11）

借題複習

1. 熱的流動有什麼必要條件？電荷的流動又有什麼可以相比擬的必要條件？（34.1）

2.「電位」這名稱是什麼意思？「電位差」又是什麼意思呢？（34.1）

3. 維持水管中的水流有什麼必要條件？維持電線中的電流又有什麼可以相比擬的必要條件？（34.1）

4. 電流是什麼？（34.2）

5. 什麼是安培？（34.2）

6. 電壓是什麼？（34.3）

7. 在120伏特的電路中流動的電荷，每庫倫電荷具有多少焦耳的能量？（34.3）

8. 電荷是流入電路呢，還是通過電路？（34.3）

9. 電壓是通過電路呢，還是只建立在電路的兩端？（34.3）

10. 電阻是什麼？（34.4）

11. 短而粗的電線與細而長的電線相比，哪一種的電阻比較大？（34.4）

12. 歐姆定律是什麼？（34.5）

13. 如果施加在電路兩端的電壓恆常不變，而電路中的電阻增加2

倍，電流會產生什麼變化？（34.5）

14. 假如一個電路的總電阻保持不變，我們把跨越電路的電壓在第一次測試之後，減少一半，再做第二次測試。第二次的電流比起第一次的電流有多少變化？（34.5）

15. 潮濕如何影響你身體的電阻？（34.6）

16. 為什麼鳥可以棲息在高壓電線上，不遭電擊？（34.6）

17. 家用電器插頭上的第三根插柱有什麼功能？（34.6）

18. 請辨別直流電與交流電。哪一種是從電瓶產生的？哪一種通常由發電機產生？（34.7）

19. 用二極體可將交流電轉換成脈衝直流電。而什麼元件能將脈衝直流電變換成較平滑的直流電呢？（34.8）

20. 在交流電變換成直流電的換流器中，二極體和電容器各擔任什麼角色？（34.8）

21. 在一個典型的直流電路中，電子隨電壓的方向漂移，此漂移速率是多少？在典型的交流電路裡呢？（34.9）

22. 在典型的電路中，流動的電子是來自什麼地方？（34.10）

23. 電功率是什麼？（34.11）

24. 下面三個名稱，哪些是電功率單位？哪些是電能單位？瓦特、千瓦、千瓦小時。（34.11）

25. 用120伏特的電壓跨接在60瓦特的燈泡兩端，會有多少安培的電流通過？（34.11）

想清楚，說明白

1. 如果在家用電器上有這麼一個警告性的標示：「注意！本電器含有許多微小的帶電粒子，它們以每小時 1 千萬公里的速率移動。」你看見了要不要很小心謹慎？

2. 安培和伏特這兩種單位是用來量度同樣的東西，還是不同的東西？是些什麼東西？哪一個是流動的？哪一個是促成流動的？

3. 為什麼流載大量電流要使用粗電線而不用細電線？

4. 用來接駁電熱器的延長線，最重要的是電阻必須較小才行，為什麼？

5. 用一條長的延長線接駁電鑽時，電鑽的轉速比用短延長線要慢，這是什麼緣故？

6. 同一個燈泡連接到 220 伏特的電源，通過的電流比連接到 110 伏特的電源較多還是較少？相差多少？

7. 如果電壓和電阻都一起加倍，對電流有何影響？如果兩者同時減半呢？

8. 你想汽車頭燈用的是直流電還是交流電？家裡的電燈呢？

9. 在 60 赫茲的交流電裡，每秒鐘電子改變運動方向多少次？（可不是 60 次喔！）

10. 兩個用於 120 伏特的燈泡，一個標定為 40 瓦特，一個標定為 60 瓦特。哪一個燈泡的燈絲有較大的電阻？為什麼？

課後實驗

電瓶是由幾個小電池組合起來的，每個小電池中都有導電溶液和兩片分隔開來的不同金屬片。我們可以在一根潮濕的香蕉中插入一條銅線和一條鋅線，像附圖那樣，就可以做成一個簡單的 1.5 伏特電池，相當於手電筒使用的那種。你拿檸檬來做實驗也可以。

將兩條電線的末端拿在手上，互相靠近些、但不要碰到。輕輕觸到你的舌頭，你會感覺到稍微有點刺激和金屬的味道。這是你潮濕的舌尖將這水果電池的電路接通，讓小量的電流自電線流入的感覺。

再試試不同的水果、蔬菜或者不同的金屬線，比較各種方式的結果。

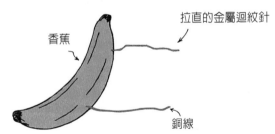

香蕉

拉直的金屬迴紋針

銅線

沙盤推演

1. 在5秒鐘內，通過一個點的電荷有10庫倫，那是多少電流？

2. 一道閃電在千分之一秒內送35庫倫的電荷進入地下，那道電流有多強？

3. 一台烤麵包機的電熱線是14歐姆，連接到一個120伏特的電源插頭上，會有多大的電流通過？

4. 一個240伏特的電爐上的螺旋型電熱器，它的電阻是60歐姆，在操作時會有多少電流通過？

5. 有一種嚴冬裡用到的電襪，其中的電熱絲有90歐姆的電阻，使用9伏特的電池來供電，請問暖腳的電流是多少？

6. 如果你用兩根手指去摸電池的兩極，手指的電阻大約為1,200歐姆，如果電池的電壓是6伏特，有多少電流通過手指呢？

7. 以3伏特的電壓跨接一個小燈泡，會通過0.4安培的電流，算算看燈絲的電阻是多少？

8. 將140瓦特的電毯接到120伏特的電源上，算算看通過的電流是多少？

實戰演練

1. 需要多大的電壓，才可使2安培的電流通過8歐姆的電阻？

2. 一個電瓶可使3庫倫的電荷做功18焦耳。它供應的電壓是多少？

3. 請運用「電功率＝電流×電壓」這關係，算出一個電功率為 1,200瓦特的吹風機接上120伏特電壓時，會用多少電流來操作？再使用歐姆定律來算出吹風機中的電阻。

4. 電燈泡上標示的瓦特數不是燈泡的本質，它與接用電源的電壓有關。常用的電壓是110伏特和120伏特。請計算接用120伏特的40瓦特的燈泡，會有多少電流通過？

5. 一個電阻為14歐姆的烤麵包機插接上120伏特的電源，算算看耗費多少電功率？

6. 算算看連續使用一只5瓦特的電子鐘，一年要花費多少錢？假定當地的電費是每千瓦小時1元。

第 35 章

電 路

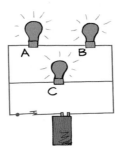

對大多數的人而言，機械的事物似乎比電的
東西容易弄得清楚，也許是由於多數人自小
開始就常接觸積木和機器玩具之故，對於電
器的內部運作非常欠缺直接的經驗。如果你也是這種人，就必須多
花點功夫去做這書中提到的實驗。你會發現親手做過實驗之後，會
幫助你更了解電路作用，並且這些經驗也十分有趣。

35.1 電池與燈泡

請把一支普通的手電筒拆開，把電池取出來。如果你手邊一下

◀圖 35.1
電路板與積體電路（IC）

子找不到一條電線，可以到廚房找一片鋁箔將它裁成條狀。試試看用兩條電線或者鋁箔條與一節電池，將電燈泡點亮起來。

　　圖35.2展示了一些可點亮燈泡的接線和不能點亮燈泡的接線。應該注意的要點是：自電池頂上的正極端到底部的負極端之間，必須要有一個閉合的路徑，我們稱之為電路。電子從電池的負極穿過電線或鋁箔條，到達燈泡旁邊（或底部），進入燈泡內的燈絲，再由燈泡底部（或旁邊）穿出，經由另一條電線或鋁箔條而回到電池的正極。電流在電池的內部從正極流回負極，完成一圈通路。

　　電路中電荷的流動，很像水在密閉系統中的管路內流過，以圖

◀圖 35.2
(a)不能成功點亮燈泡的接線。
(b)成功點亮燈泡的接線方式。

35.2(b)的安排來看，電池可與唧筒比擬，電線可與管路比擬，燈泡可與利用水流操作的任何機械比擬。當管路的閥門打開，唧筒開始運轉，在管路中的水即開始流動。同樣的，當開關打開時，電路就完全接通，傳導電子本來就在電線和燈絲中，此刻也開始在電路裡漂移起來。水流在唧筒中通過，電流也在電池中通過。水和電子都不可能被擠壓而聚集在某一處，它們持續在迴路中或電路中流動。

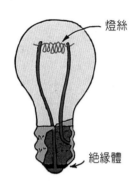

燈絲

絕緣體

▲圖35.3
電子不會在燈泡內堆集起來，電子只是流過燈絲而已。

35.2 電路

　　電子可以流通的任何路徑都是電路。電子要能持續不斷地流動，需要有完整無間斷的電路。通常由開關提供電路的間斷。將開關關掉（口語上的關掉，其實對閘刀開關來說，是打開的動作），可切斷電路；將開關開啓（對閘刀開關來說反而是閉合），可讓電子流通，也就是將電路接通。

　　用水流來比擬，極有助於獲得電路的清晰觀念，不過也有些受到限制的地方。其中一個重要的差異是在水管斷裂時，管中的水會流到外面來；可是在電路斷開時，後果是電流完全停止。儘管有這個差異或其他小小的差異，以水流的概念來考慮電流，對學習電路仍然很有幫助。

　　大多數電路都有不只一個元件來共用電能，這些元件在電路中相連接的方式通常通常只有兩種：串聯和並聯。串聯方式是把電池或者發電機兩個端鈕間的每個元件接成單一的電流通道。並聯方式是接成幾條支電路，每一條支電路分別做為電流路徑。串聯和並聯各有自己的特性。以下就來討論這兩種方式所連接而成的電路。

35.3　串聯電路

在圖35.4裡有三盞電燈與電池以串聯方式連接，這是一個簡單的串聯電路。當閘刀開關閉合時，幾乎立即在三盞電燈內都發生電流。電流不會在任何電燈內堆積起來，而是在每盞電燈內流過。電子在電路中的所有部分馬上開始移動，有些電子從電池的負極流出，有些電子流向電池的正極，有些電子自每盞電燈中的燈絲穿過，最後電子會順著電路走完全程。

在途徑中若有任何地方斷開，即成為斷路，電子的流動便會停止。任一盞電燈的燈絲燒斷了，或者將閘刀開關打開，都可以造成這樣的斷路。

從圖35.4展示的電路，可以明瞭下列的串聯重要特性：

1. 電流僅有一條貫穿全部電路的通道。這就是說，同樣的電流通過電路中的每一個元件。

2. 同一股電流會遇到第一個元件的電阻所給予的阻抗，也遇到第二個元件的電阻和第三個元件的電阻，於是電路對電流的總電阻是電路沿途各個元件的電阻之和。

3. 電路中的電流大小，就等於電源供應的電壓除以電路上的電阻總和。這也是歐姆定律。

4. 歐姆定律也可分別應用到每一個元件上。越過每一元件的電壓降，也就是電位差，由元件的電阻直接決定。原因是將一單位的電荷推過一個大的電阻，比推過一個小電阻要耗費較多的電能。

5. 跨接串聯電路的總電壓，在電路中由每個單獨的元件分用，各個元件個別的電壓降加起來，就等於電源供應的總電壓。這是因為

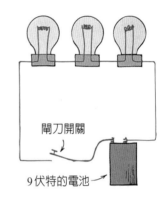

▲圖35.4

一個簡單的串聯電路示意圖。圖中9伏特的電池為每座電燈各供應3伏特的電壓，跨越燈絲的兩端。

推動一單位的電荷通過全部電路，所消耗的電能，等於推動一單位電荷通過電路中個別元件所消耗的電能之和。

Question

1. 在串聯的電路中，如果一盞燈的燈絲燒斷了，其他燈內的電流會怎麼樣？
2. 在串聯的電路中，如果多加幾盞燈串聯在電路上，每一盞燈的光亮程度會有什麼不同？

Answer

1. 如果一盞燈的燈絲燒斷了，連接同一電源的電路會中斷，電流因而停止，全部燈都不亮了。
2. 在串聯電路上增加幾盞燈，造成較大的電路總電阻，會使電路上通過的電流，也就是每盞燈通過的電流減少，以致燈光較暗。電能被更多的燈分用，於是每盞燈的電壓降都會減少。

　　我們很容易看到串聯電路不利的地方：如果一個元件壞了，會讓整個電路的電流停止，而沒有一個元件還能運作。有些廉價的聖誕燈串是以串聯接成的，當其中有一個燈泡燒壞了，你要把那壞掉的燈泡找出來換掉，可不是太容易。

　　大多數電路的接線，都盡可能讓每個元件單獨運作，與電路上的其他元件無關。例如你家中的電燈，扭亮或扭暗每盞燈都不會影響其他的燈和電器的運作。這是因為這些電器不是串聯起來的，它們是相互並聯的。

35.4　並聯電路

　　圖35.5中有三盞電燈連接到相同的A與B兩點上。這是一個簡單的並聯電路。並聯的每件電器連接到電路上相同的兩點上。你看圖中的每盞電燈各有自己從電池的一端連接到他端的路徑，那裡有三條電流路徑，每條通過一盞電燈。

　　和前面的串聯電路不一樣之處是：通過一盞電燈的電流不再通過另一盞電燈，而且無論是一盞燈點亮、兩盞燈點亮或者全部燈點亮，電路都是接通的。任何一條路徑中斷，都不會打斷其他路徑中的電荷流動，每件元件都能獨立運作，與其他元件無關。

　　從圖35.5的電路，可說明下列並聯電路的主要特性：

1. 每一元件都連接在電路上相同的A與B兩點之間，因此跨過每一元件的電壓都相同。

2. 所有並聯的分支路徑分攤了電路的全部電流。電流比較容易通過低電阻的元件，所以通過每條支路的電流與支路上的電阻成反比。歐姆定律分別可應用於每一條分支路徑上的元件。

3. 電路的總電流，等於各並聯支路電流的總和。

4. 當並聯的支電路增加時，整體的電阻即減少，在電路的兩點間每增加一條路徑，整體的電阻就隨著降低。從這現象可以知道，電路的整體電阻小於任何一條分支路徑的電阻。

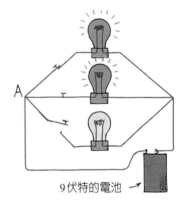

9伏特的電池

▲圖35.5
一個簡單的並聯電路示意圖。圖中9伏特的電池供應每盞電燈9伏特的電壓。

❓ Question

　　1. 如果並聯電路中有一盞燈燒壞了，其他燈的電流會怎樣？

PARALLEL CIRCUIT

我要用兩支金屬棒在這個 12 伏特的電瓶端鈕上做成一對延伸棒。

在這兩根延伸棒的下方接連一盞電燈，它的亮度就和……

這兒一樣！

當然囉，它們都有 12 伏特的電壓跨過。

現在我再綁上一盞相同的電燈，它的亮度和第一盞電燈會怎麼樣？

一樣！一樣！

因為每盞電燈都有 12 伏特跨過，亮度都一樣。

那就是我說的嘛！

第三盞電燈也是一樣的亮！

當然，跨過每盞電燈的電壓仍然是 12 伏特。

電瓶怎麼知道要供給 3 盞電燈原來三倍的電流？

物理！歐姆定律！物理！

我知道！那上面有三條分離的路徑，電瓶的兩端之間就只有 1/3 的電阻，同樣的 12 伏特電壓就會流出 3 倍的電流！

好極了！但這是不是說電瓶消耗的電能，是單單點亮一盞燈的三倍呢？

是的，你會看到電瓶快三倍的時間就沒電了。

你真是棒！

2. 在並聯電路中若有更多的燈並聯加入時，每盞並聯電
　 路上的燈，在光亮強度上有無變化？

🅐 Answer

1. 如果有一盞燈燒掉了，其他的燈並不受影響。每條支路的電
　 流都依據歐姆定律，等於電壓除以電阻。由於其他支路的電
　 壓與電阻都未受影響，那些支路上的電流也不受影響。只是
　 整體電路的總電流（也就是通過電池的電流），會因一個電燈
　 泡燒掉而減少了那一路徑原來應該通過的電流。但是其他每
　 一條支路的電流都不變。

2. 每一盞燈的亮度不會因增加（或減少）一些並聯的電燈而起
　 變化。只有整體電路的總電阻與總電流會改變，也可以説，
　 電池的電流量會改變（在電池內也有電阻，這裡我們予以忽
　 略）。當增設一些電燈時，也就增加了連接電池兩端的通路，
　 那會有效地減少整體電路的電阻，隨著電阻的減少即會增加
　 電流，同樣的，也增加了電能給新加入的電燈。雖然整體電
　 路的電阻與電流都因新增的電燈而改變，但各個支路的電流
　 與電阻卻毫無變化。

35.5　電路圖

　　電路常以一些簡單的概略圖來表示，稱之為電路圖，它與前面
圖 35.4 和圖 35.5 所畫的簡圖類似。圖 35.6 展示了一些代表電路元件
的符號。電阻是以一段折線來表示，理想的無電阻電線以直線來表
示，電池則以一長一短的兩條平行線來表示，長線代表電池的正
極，短線代表負極。有時也可以用兩組長短線來代表兩節電池，三

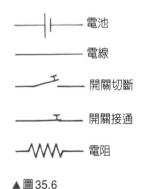

▲ 圖 35.6
一些常用電路元件的符號。

組長短線代表三節電池等等。

圖35.7所畫的就是圖35.4及圖35.5的電路圖。

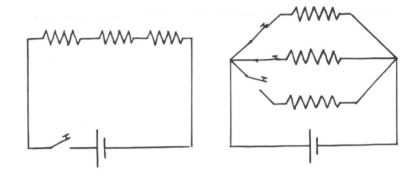

圖35.7▶
兩個簡單的電路圖。左圖相當於
圖35.4的電路,由三盞電燈串聯
而成。右圖相當於圖35.5的電
路,有三盞電燈並聯起來。

35.6 複電路中的電阻組合

一個電路中若包含許多電阻,找出這電路的等效電阻,會很有
幫助。等效電阻是一個電阻值,它對電池或電源具有相同的負荷效
果。藉由把串聯或並聯的電阻相加的規則,就可以算出等效電阻。
例如兩個各為1歐姆的電阻,串聯起來的等效電阻就是2歐姆。

a.　8 Ω　8 Ω　⟹　16 Ω

b.　8 Ω　8 Ω　⟹　4 Ω

▲圖35.8
(a)兩個8歐姆的電阻串聯後的等效電阻為16歐姆。
(b)兩個8歐姆的電阻並聯後的等效電阻為4歐姆。

工藝中的物理

用電流來測量

　　汽車裡的油量錶就是利用可變電阻來測量油箱中的汽油量。油箱中有一個浮球可以調整可變電阻器的電阻值：當浮球降落到箱底時，電阻器有最大的電阻值。最大電阻導致最小電流，使油量錶的指針不偏轉。當油箱注滿了油時，可變電阻器的電阻值變成最小，於是流過油量錶的電流最大。在這最大電流時，把油量錶的指針校正到指著全滿位置，於是從滿到空之間，指針會隨著電流的大小而反映到適當的油量指示位置。

　　兩個1歐姆的電阻並聯起來的等效電阻是0.5歐姆。一對等值的電阻並聯起來的等效電阻，只是個別電阻值的一半。這是因為電流通過兩條平行的路徑時，路寬就成為兩倍了，等效電阻因而減小。同樣的道理，擠滿人的大禮堂若是多開幾扇門讓人出去，觀眾離開時所受到的阻力將會減小。

　　圖35.9中的複電路由三個8歐姆的電阻組成，其中兩個電阻並聯，並聯後兩個電阻等於一個4歐姆的電阻。然後它又和一個8歐姆的電阻串聯，加起來產生一個等效電阻為12歐姆的電路。如果把這

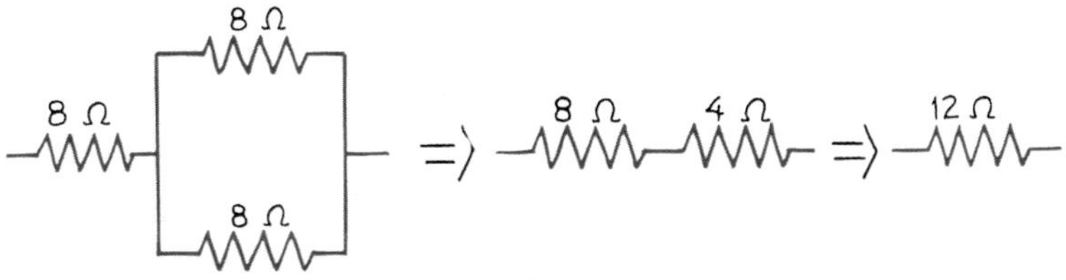

◀圖35.9
一步一步地分段計算電阻值，可以算出這電路的等效電阻。

個電路和一個12伏特的電池連接，從歐姆定律可以知道通過電池的電流是1安培。（事實上它不到1安培，因為電池內部一樣也有電阻，這稱為電池的內電阻。）

在圖35.10和圖35.11還有兩個複電路，都可以逐步組合成等效的電路，就像是遊戲一樣：用相加來組合串聯的電阻；以減半來組合一對相等的並聯電阻。最後得到的數值就是複電路的等效電阻。

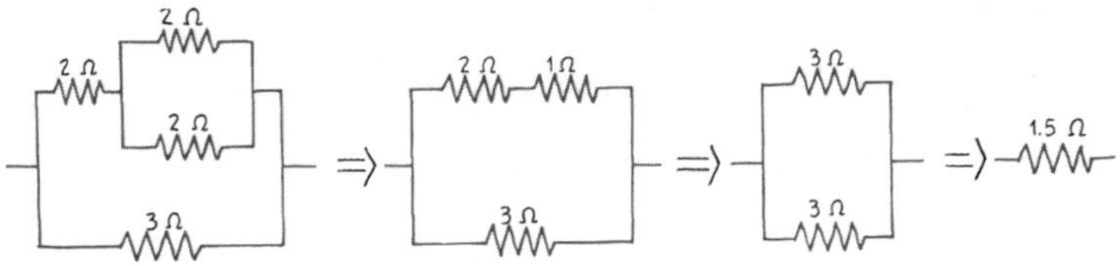

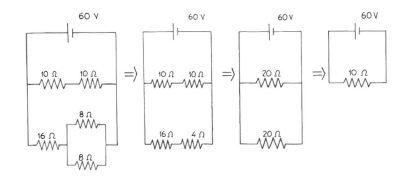

▲圖35.10
最左邊的電路有上下兩條支路。上面支路的等效電阻是3歐姆，它又和下面支路的3歐姆電阻並聯，於是整體電路的等效電阻成為1.5歐姆。

▲圖35.11
有許多不同元件排列的電路圖。等效電阻為10歐姆。（圖中有60伏特的電池，那只是隨便給的數字，多數的電池都低於60伏特。）

如果並聯的電阻並不等值呢，那該怎麼計算等效電阻呢？方法是先將兩個電阻值相乘，再除以這兩個電阻值之和，計算公式是：

$$等效電阻 = \frac{R_1 R_2}{R_1 + R_2}$$

「乘積除以和」這個規則只適用於兩個電阻並聯。要計算三個或者更多並聯的電阻，你可以每次計算兩個來逐步解決，就像圖35.10及圖35.11的方法一樣，或者你可以用下面的公式計算：

$$1 \Big/ 等效電阻 = 1/R_1 + 1/R_2 + 1/R_3 + \cdots$$

你可以在其他的物理教科書中找到詳細說明。

❓ Question

以下的問題是根據圖35.11中的電路圖。

1. 通過電池的電流是多少安培？（電池的內電阻可不計）
2. 通過那一對10歐姆的電阻，有多少安培的電流？
3. 通過每一個8歐姆的電阻，有多少安培的電流？
4. 電池供應的電功率是多少？

🅰 Answer

1. 通過電池的電流（也就是通過電路的總電流）是6安培，你可以用歐姆定律算出來：電流＝電壓／電阻＝60伏特／10歐姆＝6安培。圖中最後一步驟所示，即是電路的等效電阻為10歐姆。
2. 總電流的一半，即3安培，流過那兩個10歐姆的電阻。你可以立刻看出來：因為兩條支路的電阻相等，於是總電流由上下兩條支路等分通過。（你能想出別的方法也得出相同的結

果嗎？）

3. 有 3 安培的電流通過那一對 8 歐姆的電阻，因此通過每一個電阻的電流是 1.5 安培，也就是 3 安培的電流等分成兩部分，通過兩個等值的電阻。

4. 電池供應 360 瓦特的電功率。可以用下述公式計算出來：電功率＝電流×電壓＝6 安培×60 伏特＝360 瓦特。此電功率自電路中的各個電阻耗散掉。

35.7　並聯電路及超載

　　電能通常藉用兩條導線（供電線）供應到每一個家庭中。低壓的供電線接到房子的牆壁內，其電阻也是非常的低。從發電廠的發電機輸出，到達家庭時為 110 至 120 伏特。電力公司便是以這種電壓，供應給以並聯方式插接到電源線的家庭電器用品。

　　愈多的電器連接到供電線上，提供給電流通過的途徑就愈多。增加了電流通道會產生什麼效應呢？答案是組合起來的電路電阻隨之降低，於是供電線中會有大量的電流。供電線攜帶超過安全量的電流就被稱為超載，後果有可能是供電線所發出來的熱把絕緣體熔化了，而發生火災。

　　你可從圖 35.12 的電路看出如何會造成超載。電源供應線連接一台取用 8 安培電流的烤麵包機、一具 10 安培的電熱器、一盞 2 安培的電燈。只用烤麵包機需要 8 安培電流，供電線的總電流就是 8 安培。當電熱器也同時運作時，供電線的電流就增加到 18 安培（8 安培通過烤麵包機，10 安培通過電熱器）。你如果再把電燈點亮，供電線上

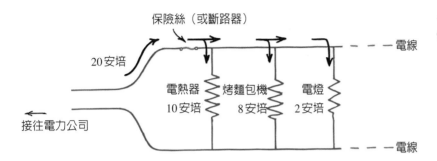

◀圖 35.12
電器連接到家庭供電線的電路圖

20 安培

保險絲（或斷路器）

電線

電熱器
10 安培

烤麵包機
8 安培

電燈
2 安培

接往電力公司

電線

的電流就增加到 20 安培。繼續接上電器，那電流也會繼續增加。

　　預防電路超載的方法是在供電線上串聯保險絲。這樣可以使全部的線上電流都通過保險絲。圖 35.13 所示的保險絲是由一種特殊材料做成似繩索的導線，它在某一特定電流時會發熱而熔化。如果保險絲標定爲 20 安培，那麼它只能讓 20 安培的電流通過，不可以超載。電流超過 20 安培時，保險絲就會熔化，電路跟著就斷掉了。在換上新的保險絲之前，應該先把超載的原因找出來，加以排除。

　　有時候，電路上分隔電線的絕緣體老舊了，以致電線相互碰觸到。這種實效上把電路截短的現象，就稱爲短路。短路會使電流突然增加到十分危險的程度，因爲它等於是不經過正常電路上的電阻，而取捷徑流竄過。

　　電路也可以用斷路器來保護。斷路器是用磁鐵或者雙金屬片來把開關切斷。電力公司從發電機開始，沿線採用了斷路器來保護他們的輸電線。在近代的建築物中，斷路器已經取代舊式的保險絲，因爲使用斷路器不需要在每次斷電時加以替換。在斷路器跳開之後，把問題找出來改正了，再把斷路器推回接通的位置就行了。

電流
保險導線

通往電路

▲圖 35.13
保險絲示意圖

觀念一把抓

觀念摘要

任何可以讓電荷（通常是電子）流過的路徑，就是電路。

◆ 要維持不斷的電荷流動，就需要完整無間斷的電路。

在串聯電路中，電元件組成了唯一可讓電流通過的路徑。

◆ 在路徑的任何地方斷開，都會使整個電路的電流停止。

◆ 串聯電路的總電阻，等於沿著電路上各單獨電阻之和。

◆ 串聯電路的電流，等於電壓除以總電阻。

◆ 越過每個元件的電壓降，與元件的電阻成正比。

◆ 越過每個元件內的電阻會產生一個電壓降，這些電壓降之和，等於電路總電壓。

在並聯電路裡，電元件組成一些分支電路，每一條支路都提供獨自的路徑讓電流通過。

◆ 每個元件都連接在電路上相同的兩個點之間；施加於每一元件的電壓都是一樣的。

◆ 通過每一支路的電流量，與該支路上的電阻值成反比。

◆ 並聯電路的電流，等於各支路電流的總和。

通常電路是以電路圖來說明。在電路圖中，電路上的每個元件都以符號來代表。

在一個有若干電阻的電路中，等效電阻是代表這電路的一個電阻值，它對電池或電源具有相同的負荷效果。

　◆對於串聯的電阻，等效電阻就是它們電阻值之和。

　◆對於並聯的電阻，等效電阻比任何個別電阻的數值都來得小。

供電線負載了不安全、過量的電流時，就稱為超載。

　◆預防超載的發生，可以將保險絲或斷路器裝置在供應電源的供電線中。超量的電流會燒掉保險絲，或者使斷路器跳開，從而將電流切斷。

　◆短路通常是由於電線的絕緣體發生破損而造成的。

重要名詞解釋

電路 circuit 指任何完整無間斷的線路，它可以讓電荷沿著線路流動。（35.1）

串聯 in series 指電路上兩點之間的各個元件連接成串，電流通過其中一個元件，必定會通過其他各個元件。（35.2）

並聯 in parallel 指電路上兩點之間連接有多條線路，可供電流通過。（35.2）

串聯電路 series circuit 電路中，各元件的裝置方式是讓電流先後穿越每一個元件。如果電路中的某一部分電流中斷了，整個電路就不再有電流通過。（35.3）

並聯電路 parallel circuit 電路中，各元件都連接到相同的兩點之間，每個元件都構成單獨的支電路，與其他元件無涉。（35.4）

電路圖 schematic diagram 闡釋電路的一種簡圖，使用特定的符號與圖形，以代表電路中的各種元件。（35.5）

複電路 compound circuit 由串聯電路與並聯電路混合成的複雜電路。（35.6）

等效電阻 equivalent resistance 相當於把電路中分散各處的電阻集總起來的電阻值，它的電功率損耗等於整個電路的電功率損耗。（35.6）

超載 overload 電路的電流負載超過了原先的設計值，可能導致線路過熱，而燒毀電線的絕緣體，造成火災。（35.7）

短路 short circuit 電路中的兩條路經之間發生了低電阻的連結，通常是意外發生的，很可能導致額外的電流而引起危險。（35.7）

借題複習

1. 在電路中流動的所有電子，是不是都由電池供應的？（35.1）

2. 為什麼電路必定不可有間斷，才能產生電流？（35.1）

3. 請分辨串聯電路和並聯電路。（35.2）

4. 如果三個同樣的燈泡串聯之後，連接到 6 伏特的電池上，有多少伏特的電壓施加到每個燈泡上？（35.3）

5. 如果三盞串聯的電燈中有一盞燒掉了，其他兩盞電燈中的電流會怎麼樣？（35.3）

6. 如果三個相同的燈泡並聯之後，連接到 6 伏特的電池上，有多少伏特的電壓施加到每個燈泡上？（35.4）

7. 如果三盞並聯的電燈中有一盞燒掉了，其他兩盞電燈中的電流會有什麼變化？（35.4）

8. (a)把三盞電燈連接到電池上，不是串聯就是並聯，哪種方式可以讓每盞電燈通過較多的電流？
　　(b)哪一種方式使每盞電燈得到較大的電壓？（35.4）

9. 在串聯電路中，增加更多的元件會使電路的總電阻產生什麼變化？在並聯的電路中呢？（35.6）

10. 一對 8 歐姆的電阻串聯起來，等效電阻是多少？如果把它們並聯起來呢？（35.6）

11. 在並聯的電路中加入更多的元件，會使電路的總電阻減小，為什麼？（35.6）

12. 當你說一間房子的供電線發生超載，那是什麼意思？（35.7）

13. 電路中的保險絲和斷路器有什麼功能？（35.7）

14. 為什麼同時操作太多的電器用品常常會導致保險絲燒掉，或者使

斷路器跳脫？（35.7）

15. 短路是什麼意思？（35.7）

想清楚，說明白

1. 有時候你聽到有人說，某一件特殊的電器把電「用光」了，那電器到底是把什麼「用光」？而且那又會變成怎麼樣？

2. 爲什麼在決定高壓輸電線的兩電線間距時，要考慮鳥類翅膀伸展開來的寬度？

3. 爲什麼家裡用的電器幾乎完全不是串聯的？

4. 如果在手電筒的電池組上繼續增加串聯的燈泡，每一個燈泡的亮度會變成怎樣？

5. 如果在並聯的電路上繼續增加並聯的電燈，並且供電的電池不會因內電阻而過熱，那麼每盞電燈的亮度會怎麼樣？

6. 在下圖的電路中，三盞燈的燈泡是相同的，請比較它們的亮度。

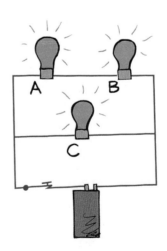

哪一盞燈有最多電流通過？如果將A的燈泡鬆開，其他的電燈會怎樣？如果只將C的燈泡鬆開呢？

7. 將很多燈泡串聯後連接到電池上，或是將同數目的燈泡並聯後連接到電池上，哪一種連接方式會使燈泡比較光亮？又哪一種方式的連接會較快用完電池？

8. 一個可有三種亮度的燈泡裡面有兩條燈絲，插在120伏特的插座後，能變換三種亮度（50瓦特、100瓦特、150瓦特）。當其中一條燈絲燒斷了，燈泡只能發出一種亮度的光（50瓦特或者100瓦特）。請問那兩條燈絲是串聯的、還是並聯的？

9. 供電線的電流與全部並聯元件的總電流比較，哪一個較大？

10. 一個60瓦特的燈泡和一個100瓦特的燈泡串聯起來，哪一個燈泡流過的電流較大？如果將它們並聯，哪一個燈泡的電流較大呢？

沙盤推演

1. 算算看供應電能給一對串聯的30歐姆電阻時，一具48伏特的電池內有多少電流通過？

2. 算算看供應電能給一對並聯的30歐姆電阻時，一具48伏特的電池內有多少電流通過？

實戰演練

1. 一個16歐姆的擴音器和一個8歐姆的擴音器並聯，跨接到一個放大器的端鈕上。假設擴音器就是電阻，算算看這兩個擴音器的等效電阻是多少？

2. 觀察下圖所示的複電路，有串聯也有並聯。

(a)哪一部分的電路是並聯？它的等效電阻是多少？

(b)整個電路的等效電阻是多少？

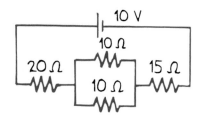

3. 要用多少個4歐姆的電阻並聯起來，造成的等效電阻會是0.5歐姆？

4. 下圖的電路中，通過電池的電流是多少？（計算電流之前，你必須先計算什麼？）

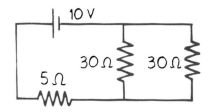

5. 汽車後窗上的除霧器是由若干條電熱線並聯而成的。設想有4條電熱線，每一條的電阻是6歐姆，連接到12伏特的電源。

(a)這4條電熱線的等效電阻是多少？（可將它們先分成兩條線一組來計算。）

(b)取用的電流總共有多少？

第 36 章

磁　學

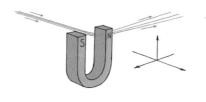

磁鐵是很奇妙的東西。將兩塊磁鐵靠近，它
們會叭噠一聲地貼在一起。分開來把其中一
塊反個方向，它們又會彼此排斥。磁鐵能貼
緊在電冰箱的門上，但是不能黏在鋁鍋上。磁鐵可以製成各種大小
和形狀，普遍得有如玩具，可用來做指南針，或是做成發電機和電
動機的重要零件。你到處看見的東西通常都帶有磁性，因為它是
「光」本身的基本成分。

　　磁石是在兩千年前於希臘的馬格尼西亞（Magnesia）地區發現
的，因此英文稱磁性為 magnetism。十二世紀時，中國人利用磁石來
航海。到了十八世紀，法國物理學家庫倫從事了磁石間作用力的研

究。現在我們知道磁石中含有某種鐵礦，稱爲磁鐵礦。

　　直到十九世紀初期，電性和磁性仍被看成兩種互不相干的現象。這個觀念到 1820 年改變了，丹麥物理教授厄司特（Hans Christlan Oersted, 1777-1851）在一班學生面前表演電流的時候，發現了電與磁之間有關係。他和學生都看到一條通電的電線放在指南針旁邊時，指南針會有輕微的擺動。這個奇妙的關聯竟然逃過人們數十年的鑽研。（我們只能臆測曾經有多少次像這類的現象被看見了，可是我們又常常以「不會這樣的」來對待，甚至以「儀器有問題」來忽視。然而，厄司特是一位觀察入微的優秀科學家，看出來那是個關鍵性的自然現象而揭發出它的祕密。）

　　接著許多新的發現出來了，包括發現磁鐵對攜帶電流的電線有作用力，這個作用力是電流計和電動機必須應用的。於是導致一個全新科技的舞台建立起來了，給人類帶來了電力、無線電和電視機等等。

36.1　磁極

　　磁鐵會彼此施加作用力。它們如同電荷般，互相不必接觸就能夠吸引或排斥，看它們哪一端接近而定。並且，磁鐵也如同電荷般，作用力的強度視兩磁鐵間的距離而定。至於電力是由電荷發生，磁力則是由磁極發出。

　　如果你用一根繩子綁住磁棒的中央懸空吊著，它就會成爲一支指南針。指向北面的一端稱爲指北極，指向南面的一端稱爲指南極。我們就簡稱之爲北極和南極。所有磁鐵都有一個北極和一個南

▲圖 36.1
普通的磁鐵

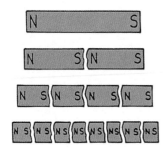

▲圖36.2
把一根磁棒分成兩段，就變成了兩根磁棒。再各分成兩段，你就有四根磁棒了，每根仍然有一北一南兩極。繼續不斷切下去，就繼續不斷得到相同的結果。磁極總是成對存在。

極，在一根簡單的磁棒上，兩極就在棒的兩端。常見的馬蹄形磁鐵是一根磁棒彎成的，因此它的兩極就在兩端。

如果將一塊磁鐵的北極移近另一塊磁鐵的北極，它們會互相排斥，把南極移近南極也同樣會互相排斥。然而，將相反的磁極靠近，它們就會吸在一起。也就是說，同極相斥，異極相吸。

（磁極間的作用力F約等於PP′／d^2，其中的P和P′代表磁極強度，d代表兩磁極的間距。這作用力關係與庫倫定律及牛頓的重力定律是不是很類似呢？）

磁極的行為有些方面和電荷相似，但是它們有一樣十分重要的差異，正電荷與負電荷可以分離，但正、負兩磁極不能分開。帶負電的電子與帶正電的質子本身就是單獨的個體，一堆電子不必要有一堆質子來作伴，反之亦然。但是一個北磁極如果沒有南磁極相伴，就不可能存在，反之也然。磁鐵的南北兩極就如一個銅板的正反兩面，不可分割。

如果你把一根磁棒切成兩半，每半根仍然是一根完整的磁棒。將這半根磁棒再斷開，你就有四根完整的磁棒了。你可以繼續切下去，但永遠切不出一個單獨的磁極來。即使你最後切成只有原子那麼大，它還是有兩極並存。這指出了原子本身就是個磁棒。

❷ Question

是不是每個磁鐵必定有一個北極和一個南極？

---

❹ Answer

是的，正如一個銅板必定有正面和反面一樣。（有些「古怪」的磁鐵會有不只兩個磁極。）

36.2　磁場

　　在一張紙的下方放一根磁棒，紙面灑上鐵屑，鐵屑會在紙上描出一個環繞磁鐵的規則線條圖形。環繞著磁鐵的空間充滿了磁場，也就是說有磁力在牽扯。磁場的形狀就如鐵屑展示出來的磁場線。磁場線從一個磁極向外擴散，彎過來繞過磁鐵，再回到另一個磁極。圖 36.3 是一根磁棒周圍的磁場線示意圖。

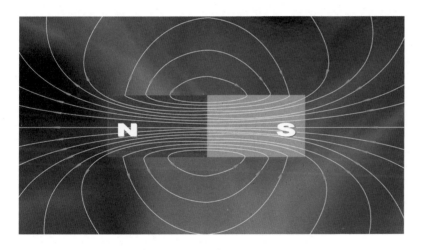

▲圖 36.3
磁場線在空間環繞磁鐵的示意圖

　　磁鐵外面的磁場方向是從北極繞向南極。磁場線愈密集的地方，磁場強度就愈強。如果我們在磁場範圍內放一塊小磁鐵或者指南針，它的兩極在任何地方都會與磁場的指向一致。

▲圖 36.4
指南針會和鐵屑一樣，依磁場線的方向排列。

36.3　磁場的本質

　　磁和電的關係是很密切的。電荷的周圍除了有電場之外，它在運動時，周圍還會產生磁場。這磁場的成因是電荷的運動使得電場發生了畸變（distortion）。這是愛因斯坦（Albert Einstein, 1879-1955）於 1905 年在他的狹義相對論中所作的解釋。在這本書裡，我們並不打算對這理論作詳細的討論，而只是直接擷取了「磁場是電場的相對論性質的副產品」這個結論。

　　運動中的電荷伴隨著一個電場與一個磁場。磁場是由運動中的電荷產生的。這是十分有趣的現象，因為運動是相對性的，磁場也因此是相對性的。舉個例子來說明，當一個電荷在你身旁掠過，就有一個確定的磁場伴隨著這移動中的電荷。但是如果你和電荷一起同步移動，你和電荷之間沒有了相對運動，那就不會有磁場伴隨著電荷。所以，磁學也是一門相對論性質的學問。

　　在一根普通的磁鐵棒的什麼地方，有電荷在運動呢？雖然磁鐵的整體是個靜止不動的物體，可是磁鐵是由原子構成的，原子中的電子則是圍繞著原子核不停地轉動。這些運動中的電荷造成了小小的電流，因而產生了磁場。更重要的是，電子會像陀螺般地自旋（spin），自旋的電子創造了運動中的電荷，於是又產生了另一種磁場。大多數的物質裡面，由電子自旋產生的磁場強度，超過電子軌道運動所產生的磁場強度。

　　每一個自旋的電子都是一個小磁體。兩個電子朝相同的方向自旋，就造成一個較強的磁體。然而兩個電子朝相反方向自旋，則會使它們的磁場互相抵消。這是為何多數物質不是磁體的原因。多數

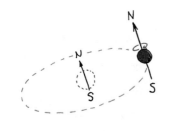

▲圖 36.5
原子內每一個電子的軌道運動和自旋運動，各自產生了磁場。這兩種磁場會互相加強或者互相抵消，以產生原子的磁場。鐵原子的磁場是最大的。

的原子內，電子的自旋往往方向相反，以致於各個磁場互相抵消。
不過，像鐵、鎳、鈷這種物質，它們的磁場沒有完全互相抵消。每
個鐵原子內，有四個電子的自旋磁場不會抵消，所以每個鐵原子都
是個小磁體。鎳和鈷的原子也是如此，只是磁性比較弱而已。

　　一般的磁體大多是用含有鐵、鎳、鈷和鋁等物質，以不同比例
做成的合金來製造的。在這種合金裡面，以電子自旋為造成磁性的
主要因素。在稀土金屬中也有具磁性的，例如釓元素，但是這種原
子卻以電子的軌道運動所產生的磁場較強。

36.4　磁域

　　鐵原子的磁場很強，每個單獨的原子都對旁邊的原子造成影
響，使得一大群原子都順著同方向排列起來。這種排排站的一群原
子稱為磁域。每個磁域都是完全磁化的，由上億個整齊排列的原子
聚集起來。磁域是很細微的，請見圖36.6，在鐵晶體中可以看到很
多磁域。

　　普通的一塊鐵和一塊磁鐵間的差別，在於磁域是否整齊排列。
一枚普通的鐵釘中，磁域的方向是凌亂的。當一塊強力的磁鐵放在
這枚鐵釘的旁邊時，會有兩種效應發生。第一種是與磁場方向相同
的磁域會擴大區域，那是將一些不規則的區域爭取過來，合併成更
大的磁域。另一種效應是把不同方向的磁域整個扭轉過來，使這些
磁域的方向成為一致。

　　不過，當你把鐵釘自強力磁鐵旁移走，鐵釘內的磁域受到一般
熱運動的影響，逐漸又回到排列凌亂的狀態，便失去了磁性。

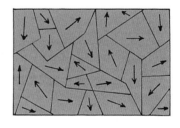

▲圖36.6
鐵晶體中磁域的微觀圖。每個磁
域內含有上億個排列整齊的鐵原
子。

磁化一塊鐵的連續程序。箭頭代
表磁域，箭頭的尖端是北極，尾
端是南極。除了鐵兩端的磁域之
外，其他磁域會因為與相鄰磁域
的極性相反而互相抵消掉磁性。

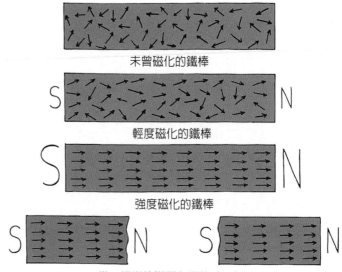

未曾磁化的鐵棒

輕度磁化的鐵棒

強度磁化的鐵棒

當一根磁棒斷開為兩根時，每一
根仍保持同樣強度的磁極。

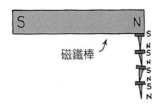

▲圖36.8
鐵釘變成感應磁鐵

　　永久磁鐵的製造，是把一堆僅擁有單一磁域的鐵或鐵合金小顆
粒，置放在強力磁場中讓它們整整齊齊地排列，然後讓顆粒周圍的
物質硬化，來固定這些小顆粒；或者直接加熱到很高的溫度，讓這
些顆粒互相熔接起來，顆粒就不能再自由移動了。

　　各種鐵合金的磁性不同，軟鐵比硬鋼容易磁化。輕輕敲打鐵塊
有助於使頑強的磁域轉向看齊。另一種做永久磁鐵的方法，是將鐵
在磁鐵上摩擦。一下一下地磨，能把鐵內的磁域排列起來。但如果
這種永久磁鐵不小心跌落地上，或者在火上烤熱，使已經排列整齊
的磁域被震亂了，或者被熱運動碰亂了，磁力也隨而減弱。

> **物理 DIY**
>
> ### 廚房中的磁學
>
> 　　在你的家裡或教室裡，找出一個鐵製或者鋼製的器具，如電冰箱、檔案櫃之類。拿一具指南針以垂直方向伸進這器具的頂蓋下，注意看指南針的北極是否指向器頂，南極指向器底。若是如此，這電冰箱或檔案櫃就是已經被地球的磁場給磁化了。
>
>
>
> 　　現在來測試廚房中的食物罐頭，把指南針靠在罐頭旁邊，看看罐頭是不是也被地球磁化了。然後把罐頭反過來放，看看這罐頭要多少天之後才消失了磁性，又再過多少天它的磁極才會反轉過來。

Question

1. 磁鐵怎麼能夠吸引一塊並未磁化的鐵片呢？
2. 一張紙放在磁鐵之上，再將鐵屑灑在紙面，這些鐵屑原來並未經過磁化，為什麼它們會依照磁鐵的磁場去排列起來呢？

Answer

1. 一塊未磁化的鐵片，裡面的磁域會受外面的強力磁鐵所生的磁場感應而排列整齊。回過頭參閱第32章的圖32.12，就像

那裡的紙屑吸附到梳子一樣，鐵片也會跳向一塊接近的強力
磁鐵。但是有點和紙屑的情形不同：鐵片被吸住就不會脫下
來，紙屑卻會掉下來。你能想出理由來嗎？

2. 每一鐵屑內的磁域都會排列起來，這些磁域如指南針似地行
動。每一個「指南針」都被拖往相反的方向，產生一種扭
力，遂將鐵屑依照外面的磁場排列起來。

36.5　電流與磁場

　　一個運動中的電荷會產生磁場；許多運動中的電荷，即電流，
也會產生磁場。依照圖36.9安排幾個指南針環繞一條電線，使電流
通過電線，就可以展示出攜載電流的導體周圍所發生的磁場。指南
針隨著這電流所產生的磁場排列，指針的方向排成以電線為中心的
同心圓。當電流的方向相反時，指南針的指向跟著掉轉過來，顯示
出磁場的方向也改變了。這是最初厄司特在教室中表演的。

圖36.9▶
（左）電線沒有電流通過時，指
南針跟隨地球的磁場，有一致的
指向。（右）當電流通過電線
時，指南針的指向就按照電線附
近比地磁還強的磁場來排列。這
磁場形狀是圍繞電線的同心圓。

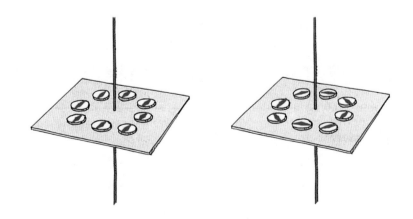

　　如果將電線繞成一個環形，磁場線變成在環內被圈禁起來一樣，請看圖 36.10。如果同一條電線再繞一個環圈，與第一個環圈重疊起來，雙環圈內磁場線的密度將會是單圈的 2 倍。以此推論，環圈愈多，穿過環圈的磁場強度也愈大。一個攜載電流的多環線圈，一般稱爲電磁體。

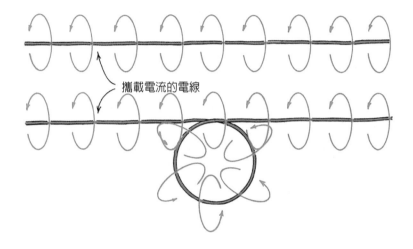

攜載電流的電線

◀圖 36.10
當攜載電流的電線繞成環圈時，電線周圍的磁場線會聚集起來。

　　有時候在電磁線圈的內部安裝一塊鐵心，鐵內的磁域被感應而排列整齊，這能增加磁場強度。可是超過某個限度時，鐵心內的磁場會飽和。所以，最強力的電磁體並不使用鐵心，而是使用超導性材料（參閱第 32.4 節）。

　　超導電磁體能夠發生無盡的強大磁場而不必消耗電能。芝加哥附近的費米實驗室使用超導電磁體，導引高能粒子在圓周四英里的加速器裡繞行。費米實驗室自從 1983 年以超導電磁體取代傳統電磁體以來，每個月的電費大減之外，粒子還以更大的能量來加速。在醫院常用的磁振造影（MRI, magnetic resonance imaging）設備中也

有使用超導磁體的。超導體在高速運輸工具的發展中，也有很大的期待。

科技與社會

磁浮車

　　近年很令人興奮的發展是應用超導電磁體製作可漂浮起來飛駛的電車，稱為磁浮車。日本與德國是最努力發展磁浮車的兩個國家。

　　磁浮車體的底部裝置了超導體線圈。當車體移動時，它的線圈使得設在路軌內的線圈產生感應電流，路軌內的線圈也變成磁體，和車底的超導電磁體如倒影似地相對，從而把車體抬離地面，距地面有數英寸之高。於是磁浮車的速率只受空氣摩擦力的限制，以及乘客舒適度的考量。將來會有一天，你可以搭乘磁浮車迅速又平穩地來往於城市之間。

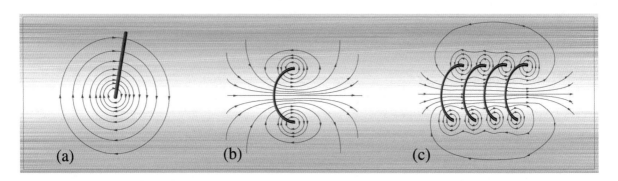

▲圖 36.11
磁場線示意圖：（左）一根攜載電流的電線周圍的磁場線，（中）一個攜載電流的環圈附近的磁場線，（右）數個環圈周圍的磁場線。

36.6　磁力作用在運動中的帶電粒子

　　一個靜止的帶電粒子不會與靜磁場起作用。但是如果帶電粒子在磁場內運動，因這種運動而起的磁性就明顯可見了。帶電粒子會感受到一股偏向力。當粒子運動的方向與磁場線相垂直的時候，粒子所受到的偏向力會最大；若不是與磁場線相垂直的話，偏向力會比較小；而當粒子的運動方向與磁場線平行時，這偏向力變為零。

　　在任何情形之下，偏向力的方向總是垂直於磁場線與粒子運動方向所構成的平面，請見圖 36.12。因此，運動中的電荷在切過磁場線時會偏向，但平行通過磁場就不受影響。

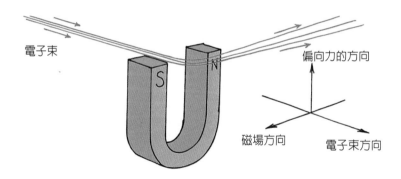

◀圖 36.12
一道電子束被磁場偏折了

　　這種偏向力與其他作用力十分不同，例如作用於質量之間的萬有引力、電荷之間的靜電力，以及磁極之間的吸力和斥力，都不是如此的。這種偏向力的施力方式，使電子在運動中被推動的方向，是既垂直於磁場方向，又垂直於電子原本的速度方向。

　　若用數學公式來表示，就是：當一群粒子各擁有電荷 q 與速率 v，於強度為 B 的磁場中與磁場線垂直而前進，則作用於每一粒子上

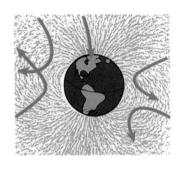

▲圖36.13
地球的磁場使宇宙線中的許多帶
電粒子偏向飛離地球。

的偏向力是該三個變數的乘積：$F = qvB$。如果帶電粒子的運動方向不與磁場成直角，在這關係式中，v 必須是速度在垂直於磁場方向上的分量。

　　帶電荷的粒子被磁場偏折是一種好的效應，因為利用這種效應可在電視機的陰極射線管內將電子偏向，因而在螢幕上造成影像。在太陽系的大尺度中，這種效應也很有用，外太空射來的帶電粒子（宇宙線）被地球的磁場偏折了，否則，衝擊地球表面的宇宙線會強烈得多，請看圖36.13。

36.7　磁力作用於攜載電流的電線

　　如果帶電的粒子穿過磁場前進時會感受偏向的力，你用很簡單的邏輯就可推論到：電流穿過磁場時也同樣會感受到這股偏向力。當帶電粒子被限制只能在電線內流動（即是電流）時，對這偏向力的反應，必然是連電線也帶動了。

　　如果電線內的電流方向相反，這股磁場偏向力的方向也就相

圖36.14▶
攜帶電流的電線在磁場中感受到
的偏向力。（你看得出來本圖只
是圖36.12的延伸嗎？）

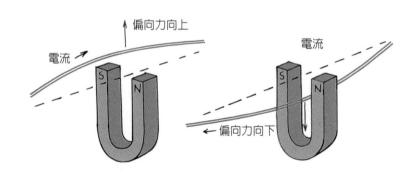

反。電流與磁場互相垂直時，偏向力最大。力的方向既非沿著磁場的方向，也不是跟著電流的走向，它是向旁側推動的。

　　因此，如同攜帶電流的電線會使指南針偏轉，磁體也會使攜載電流的電線偏向。兩者是同一種現象的不同效應。發現磁體施力於帶有電流的電線，令人更加興奮，沒多久利用這偏向力的各種新東西都出籠了，例如高度精確的電流計、強力電動機等等。

工藝中的物理

原音重現

　　收音機上或者其他音響設備的喇叭，可將電信號轉變成聲波。紙片製成的喇叭，在頸部繞上線圈，電信號就從這線圈通過。線圈裝在一塊永久磁鐵旁邊，本身就當作電磁體。當電流朝一個方向流動時，磁力將電磁線圈吸向永久磁鐵，也將喇叭錐筒向內拉；電流方向反過來時喇叭就向外推。於是電信號的振動造成喇叭的振動，喇叭的振動產生了空氣中的聲波。

❓ Question

如果帶電流的電線對磁體產生作用力，磁體必定也對帶電流的電線產生作用力。這屬於物理中的什麼定律？

Ⓐ Answer

牛頓的第三運動定律。這定律對自然界的所有力都可適用。

36.8　從電流計到電動機

我們在圖36.15可看到一個最簡單的測電錶。這個裝置中有一條電線繞成數匝的線圈，中央支撐一只可以旋轉的磁針。電流通過線圈時，每一個圈環都對磁針施力，因此很小的電流也能被測量出來。敏感度高的電流指示儀器，稱為電流計。電流計的英文名稱是galvanometer，因紀念義大利醫師兼物理學家伽伐尼（Luigi Galvani, 1737-1798）而命名。他在解剖青蛙腿時，發現腿部的抽動是由電荷造成的。這項偶然的發現導致化學電池和蓄電池的發明。

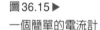

圖36.15▶
一個簡單的電流計

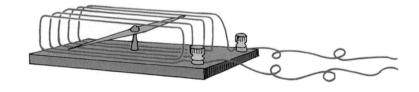

比較普通的電流計設計，就如圖36.16所示，它的線圈有很多環，所以比較敏感。線圈是可動的，而磁鐵則是固定的。線圈頂著一根彈簧來轉動，通過線圈的電流愈大，偏轉的角度也愈大。

電流計經過校正之後可用來測定電流（安培），這種電流計稱為安培計。它也可以校正來測定電壓（伏特），這種用法就稱為伏特計。

將電流計的設計稍微做一點修改，就可以成為電動機（俗稱馬達）。主要的修改是讓線圈可以轉動，但每當轉了半圈時，就將線圈的電流掉轉流向。細節是這樣的：當線圈被磁力推轉了半圈，略微衝過頭之後，電流立刻改變方向，於是在下個半圈的旋轉過程中，

▲圖36.16
一個普通電流計的設計

線圈仍然會受到同方向的力所推轉，如此繼續這種每半轉的電流改向，就可使線圈一直維持轉動狀態。

圖36.18展示了一個直流電動機的簡單輪廓。線圈只是一個長方形電線環，可以繞著圖上所示的軸線轉動，在線圈活動的範圍由一塊馬蹄型磁鐵提供磁場。當電流通過線圈時，上半邊線圈的電流方向與下半邊線圈的電流方向相反（因為電荷從一端流入，另一端流出，所以電流方向必定相反）。如果線圈的上半邊被驅向左方，下半邊即被驅向右方，和電流計的指針動作一樣。但是，和電流計不同的是：線圈中的電流穿過磁場的流向，每當線圈旋轉半圈時就需要反過來。所謂的半圈，也可以從線圈轉軸的兩個靜接觸點的位置看出來；兩個靜接觸點各自接往電源的兩個電極，線圈與靜接觸點碰觸的部分就叫電刷。

以這種每轉半圈即改變電流方向的方式，可以使線圈的上半、下半兩區域的受力方向一直維持不變，於是只要電流供應不斷，線圈就能繼續轉動。

▲圖36.17
安培計

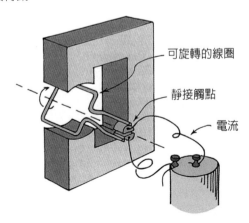

可旋轉的線圈

靜接觸點

電流

◀圖36.18
簡單的直流電動機示意圖

大型的直流或交流電動機通常都是使用電磁體，由電源供應電能。線圈當然也不是只有單獨一圈，而是在鐵圓柱體上繞上很多圈，稱為電樞。電樞在電流通過的時候就會轉動。

　　電動機的降臨，使世界上大部分地區都使用電力來取代人力和獸力。電動機已經使人類的生活發生了重大的變化。

❓ Question

電流計與簡單的電動機如何相似？它們主要的差別在哪裡？

Ⓐ Answer

電流計與電動機相同的地方是在磁場中間安置一個可以轉動的線圈，當電流通過線圈的時候，與磁場產生作用於電線的偏向力，驅使線圈轉動。它們基本上的差異是電流計的線圈最大轉動範圍只有半轉，而電動機的線圈（電樞）可以整圈連續轉動。電動機的電樞在轉動時，每轉半圈，電流就改變成相反的方向通過線圈。

職場中的物理

海洋學家

　　研究海洋的地球科學家稱為海洋學家。海洋學家使用像太空艙的潛水艙研究海床的成分和特徵。有些海洋學家會操作精密的儀器，以辨別和測量取自深海底岩石的磁場。從這種磁場的研究中，他們發現大西洋的寬度每年都有一點點增加。海洋學家可以在學術界、私人機構和政府的研究單位找到工作機會。

36.9 地球的磁場

指南針可以指出南北方向，那是因為地球本身是一塊巨大的磁體，指南針向地球磁場的方向看齊。可是地球的磁北極與地理北極並不一致，事實上磁北極距離地理北極並不很近。例如，北半球的磁極距離地理北極約1800公里，在加拿大北部哈得遜灣的某處。南半球的磁極位於澳大利亞的南部。於是指南針所指的方向通常不是真北。指南針所指方向與真北方向間的角度差，稱為磁偏角。

為什麼地球本身是個磁體，確實原因仍然不明。地球很像是在地心處藏有一根強大的磁棒。但地球不可能像是一大塊經過磁化的磁棒，因為地球的中心太熱了，個別原子不可能維持整齊的排列。

關於地球的磁場有一個較好的解釋，認為是地殼內熔融部分在流動所引起的。很多地球科學家相信，在地球內部移動的電荷環流是造成磁場的主因。由於地球十分龐大，電荷移動的速率小於每秒0.1公分，就足以造成這個大磁場了。

地心升上來的熱，造成岩漿對流，這又是地球磁場的另一可能成因，請見圖36.20。地球的熱來自放射性衰變所釋放的核能。也許是這種對流，加上地球的轉動效應，因而產生了地球磁場。但這還需要更多的研究，才能有比較確實的解釋。

無論地球磁場的成因是什麼，它是不穩定的；它在整個地質時代中，不斷游移變化，這可以從地層岩石的磁性分析中得到證明。熔融態的鐵原子傾向於與地球磁場看齊，當熔融的鐵固化時，地球磁場的方向就在岩石中的磁域留下紀錄了，我們能夠用極精密的儀器測出這微弱的磁場。於是，從各個地質世代所形成不同地層的岩

▲圖36.19
地球是一個磁體

▲圖36.20
地球內部的熔融部分仍有對流現象，可能是產生磁場的原因。

石中取樣出來做測試，就可以列出不同世代的地球磁場，加以比較。從這些岩石樣本證明：確實有若干世代地球磁場曾經消失，之後南北極性相反。

在過去500萬年中，地磁曾經消失超過二十次。最近的一次發生在70萬年前，在那之前也曾於87萬年前和95萬年前發生過。深海沈積物的研究中，有證據指出，地球磁場在100萬年前曾經完全關閉約有1萬年至2萬年之久，那時正是現代人類開始出現的時候。

我們無法預測下一次地磁反向會在什麼時候發生，因為這個現象並不是有規律的。但是在近來的研究中，地球科學家發現近百年來地球磁場減少了不只5%，如果照這種速率減少下去，也許2,000年後會有另一次地磁反向發生。

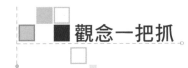

■■觀念一把抓

觀念摘要

磁極無論是南極或北極,都能產生磁力。

◆ 同極相斥;異極相吸。

◆ 南北兩極必定成對存在。

磁場是因電荷的運動而產生的。

◆ 磁性物質中,例如鐵元素,由電子的自旋造成的磁場不會互相
抵消;磁性原子大量聚集並排列整齊,就形成磁域。

◆ 在非磁性物質中,原子內的電子成對地以相反方向自旋,所以
不會有淨磁場產生。

電流能夠產生磁場。

◆ 將攜載電流的電線彎曲做成線圈,可以加強磁場。

◆ 在攜載電流的線圈中間放一鐵塊,就造成電磁鐵。

一個運動中的帶電荷粒子,可能會被磁場偏轉方向。

◆ 帶電粒子垂直於磁場方向運動時,偏向力最大;平行於磁場
時,偏向力為零。

電流也會被磁場偏轉方向。

◆電流與磁場互相垂直時，偏向最大。

　　◆電流計、伏特計、電動機等，都是以這種效應為基礎而製成。

地球本身是一個磁體，地磁北極距離地理北極大約 2,000 公里。

重要名詞解釋

磁極　magnetic pole　磁體上產生磁力的區域。（36.1）

磁場　magnetic filed　充斥在每個磁體或載有電流的導線周圍的力場。另一個磁體或載有電流的導體進入這空間中，就會感受到磁力。（36.2）

磁域　magnetic domain　一種微觀的原子聚落，它們的磁場方向排列一致。（36.4）

電磁體　electromagnet　以電流來產生磁場的磁體；通常是在一塊鐵上纏繞線圈。（36.5）

磁偏角　magnetic declination　指南針所指的北方（磁北極）與地理北極之間的角度差。（36.9）

借題複習

1. 電荷有什麼性質和磁極是相同的？（36.1）

2. 電荷與磁極之間最大的差別是什麼？（36.1）

3. 磁場是什麼？它是由什麼產生的？（36.2）

4. 每一個自旋的電子是一個微小磁體。所有的原子都有自旋的電子，為什麼並不是所有的原子都是小磁體呢？（36.3）

5. 鐵元素有什麼特別之處，使每個鐵原子成為小磁體？（36.3）

6. 磁域是什麼？（36.4）

7. 為什麼有些鐵塊具有磁性，另外一些卻沒有磁性？（36.4）

8. 如何可以將鐵塊感應生成一個磁體？例如，如果你把一枚鐵做的迴紋針放在磁鐵旁，它也會變成磁體，為什麼？（36.4）

9. 為什麼磁鐵掉落地上或者加熱之後，磁力會減弱？（36.4）

10. 在攜載電流的電線周圍，磁場是什麼形狀？（36.5）

11. 將攜載電流的電線彎曲成環，環圈內的磁場比外面的強得多，為什麼？（36.5）

12. 帶電粒子必須要怎樣才能感受到磁力？（36.6）

13. 帶電粒子運動中，同時受電場和磁場影響。電力施加在粒子上的方向與磁力施加在粒子上的方向，有何不同？（36.6）

14. 對於地球遭受宇宙線的大量轟炸，地球磁場扮演了什麼樣的角色？（36.6）

15. 在磁場中攜載電流的電線所受力的方向，與移動中的帶電粒子所受力的方向，兩者相較有無不同？（36.7）

16. 電流計如何將電流、磁場和磁力的觀念結合起來？（36.8）

17. 使用永久磁鐵的電動機，通過電樞的電流必須做週期性的變換方

向，這爲什麼那麼重要？（36.8）

18. 磁偏角的定義是什麼？（36.9）

19. 根據多數地球物理學家的意見，地球磁場的成因可能是什麼？
（36.9）

20. 地磁反向是怎麼一回事？地球磁場在長時間的歷史中曾經有過多
次的消失爲零再反向的現象，可有什麼證據？（36.9）

想清楚，說明白

1. 一個靜止的電荷周圍有什麼力場？一個運動中的電荷周圍又有些
什麼力場？

2. 爲什麼鐵能被造成磁體，木頭卻不能？

3. 由於鐵屑本身並非磁體，它們若被磁場排列起來，必定是由某種
力造成的。那是什麼力？

4. 一個強力磁體和一個微弱的磁體彼此吸引，哪一個磁體所施的力
較強，強磁體還是弱磁體？（你在讀《觀念物理》第1冊第6章
時，也能回答相似的問題嗎？）

5. 在載有電流的線圈內加放一塊鐵，可使線圈內的磁場強度更加
強，那是什麼原因？

6. 迴旋加速器（cyclotron）是將帶電粒子在圓圈軌道上加速的儀
器。帶電粒子同時受到電場和磁場兩種力的作用，一種力使粒子
的速率增加，一種力使粒子維持在圓形路徑上。請問哪一種力擔
任哪一個功能？

7. 磁場能使電子束偏向，但是不能做功使電子加速，爲什麼？（提
示：從力的方向與電子運動方向來考慮。）

8. 帶電粒子的行進方向要如何相對於磁場方向,才會感受到最大的磁力?如何才感受到最小的磁力?

9. 在鴿子的頭骨中,有多磁域的磁鐵礦構造,其上有許多神經連接到腦部。這種身體構造如何導引鴿子飛航?(蜜蜂的腹部也有磁性物質。)

10. 當地球磁場在消失後反向的過程中,於失去磁場的階段,宇宙線射到地球表面的強度將會增加,你想會有什麼變化出現嗎?(一種廣被接受的理論,並且從化石中已找到支持的證據,認為地球在失去磁場保護的時期,生命形態發生了變化,這就像是著名的遺傳試驗中,以X射線照射果蠅所導致的結果。)

第 37 章

電磁感應

發現電線中的電流會產生磁場，成為物理學的一大轉捩點，科技跟著也有了極大的發展。接下來，大家面對的問題是磁場能不能夠產生電流呢？1831年，英國的法拉第（Michael Faraday, 1791-1867）和美國的亨利（Joseph Henry, 1791-1878）兩位物理學家分別證明了這個問題的答案是肯定的。在這之前，產生電流的唯一器具是鉛蓄電池。這種電池是將金屬溶解在酸溶液中以產生小量的電流，是現代電池的先驅。法拉第和亨利兩人的發現，讓這種有限的發電技術轉變成普遍而大量的發電工程，世界跟著改觀了，白天工廠運用電能大幅增產，晚上城市利用電能大放光明。

37.1　電磁感應

法拉第和亨利不約而同發現了將磁鐵在簡單的電線環圈中做進出運動，可使電線產生電流，請看圖 37.1。不用電池或任何電壓源，只要把磁鐵在線圈內抽動，這個線圈就成為電壓源。他們發現了由電線與磁場之間的相對運動，使電線受感應而產生電壓。

這種電壓的產生全是由於導體與磁場之間的相對運動。無論是將一塊磁鐵移動，讓它的磁場越過不動的導體，或者讓導體切過靜止的磁場，電壓都會因而感生，請看圖 37.2。有同樣的相對運動，就有同樣的感生電壓。

感生電壓的大小，由磁場線掃過電線的快慢而定。緩慢的運動產生不出什麼感生電壓，迅速的相對運動感生電壓才會大。

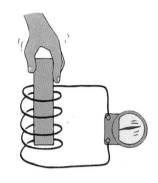

▲圖 37.1
將磁棒插入線圈中，線圈內因為感應而產生電壓，使線圈內的電子移動。

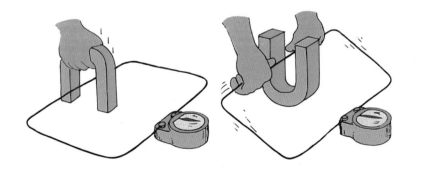

◀圖 37.2
無論是磁場線越過電線，或者是電線切過磁場，電線環圈內都有感生電壓。

線圈的匝數愈多，切過磁場時的感生電壓就愈大，電線內的電流也愈大，請看下一頁的圖 37.3。線圈的匝數若增加為 2 倍，磁鐵插進線圈中的感生電壓就增加為 2 倍；線圈的匝數增加為 10 倍，感生電壓也跟著增加為 10 倍。以此類推。

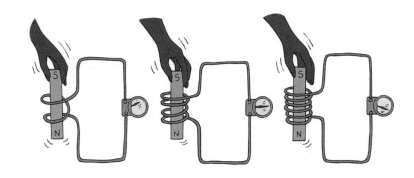

▲圖 37.3
將磁棒插進線圈就會感生電壓，線圈的匝數增加，感生電壓也跟著增加。一個線圈的匝數若是另一線圈的 2 倍，感生電壓也會是另一線圈感生電壓的 2 倍。如果磁鐵插進匝數為 3 倍的線圈中，感生電壓也必定是 3 倍。

▲圖 37.4
線圈的匝數愈多，就愈難將磁棒插進線圈。因為愈多電流通過線圈，它會產生愈強的磁場，以抵抗磁棒進入線圈中。

　　我們是否藉著增加線圈匝數來提高感生電壓，就可不用多做功而得到較多的電能呢？不是的，能量守恆律並非只適用於力學，它是一項自然律，到處都適用的。在圖 37.3 及 37.4 所示的試驗裡，你把磁鐵插進線圈所用的力，乘以磁鐵進入線圈的距離，就是你做的功。這項做功就等於線圈連接的外電路所消耗（或儲存）的電能。例如線圈若是連接一個電阻，線圈的感生電壓愈強，即是通過電阻的電流愈強，也就是消耗的電能愈多。

　　所以線圈匝數愈多，就要用愈大的力把磁棒插進線圈。想要了解這是為什麼，還有另一種思考方式是：線圈具有反抗磁棒運動的磁力效應。當線圈有更多匝的時候，會有更多的電流通過線圈，使線圈本身成為一個更強的電磁體，它的磁力可反抗磁棒進入線圈中。因此你必須用力推動磁棒進入線圈，因為線圈此時已是個電磁體，它在抗拒你的磁棒進入。線圈的匝數愈多，就是愈強的磁體，

反抗的力道當然更強。（如果線圈沒有連結任何東西，無論線圈的匝數有多少，你把磁棒插進線圈中，都沒有做功。你不做功而獲得感生電壓，這樣說來好像不花錢而獲得東西。事實不然，這電壓可沒做任何事，既不產生電流，又不轉移能量。）

感生電壓的大小，由磁場改變有多快來決定。慢慢將磁棒插進線圈，幾乎產生不出什麼電壓，迅速的運動才能感應較強的電壓。磁鐵或線圈無論是哪一個在運動，其實是它們之間的相對運動感應產生了電壓。感生電壓發生的原因是導體周圍的磁場有了變化。改變導體周圍磁場，以致產生感生電壓的現象，就稱爲電磁感應。

37.2 法拉第定律

電磁感應可以綜合成一句話，那就稱爲法拉第定律：

線圈的感生電壓，與「線圈匝數乘以線圈內的磁場變化率」
成正比。

電壓歸電壓，電流則是另外一回事，電磁感應所產生的電流量不單是與感生電壓有關，並且也與線圈的電阻及外電路的總電阻有關。例如，你可以用磁棒穿進一個橡皮圈或者一個銅線圈，兩者的感應電壓是一樣的，可是兩者的電流就大不相同，銅線圈會有大量電流，橡皮圈則幾乎是零。橡皮中的電子感受到的電場與銅線中的電子一樣，但是橡皮中的電子與原子的結合力很強，阻止了電荷像銅元素中的電子那樣自由運動。

（補充說明：還有一種線圈的「電抗」會影響電磁感應所生的電

工藝中的物理

金屬偵測門

　　在機場登上飛機之前必須穿過的金屬偵測門，就是一個攜載小電流的線圈。線圈的開口處等於有個磁場存在，磁場發生了任何變化都會刺激到線圈。如果你身上帶有鐵器穿過線圈，就會使那磁場發生變化。磁場發生變化又會怎樣呢？它會使線圈內的電流因感應而生出變化，金屬偵測門測到這種變化，就觸動警鈴。

流。電抗在交流電路中十分重要，它類似於電阻。線圈的匝數、交流電的頻率、以及其他一些因素，都會影響到電抗的值。因為電抗過於複雜，我們這本書並不討論。）

Question

　　如果你像圖37.4所示那樣，把磁鐵插進線圈中，線圈向外連接一具電阻器，你會感到一股抵抗力。線圈的匝數較多時，抵抗力也會較強，為什麼？

Answer

　　簡單的說法是較多匝圈有較強的感生電壓，那就需要做較多的功來感應。你也可以從另一個角度來看：當兩個磁體的磁場相遇重疊時，這兩個磁體（電磁體或者永久磁體）之間不是相互吸引就是相互排斥。當其中之一的磁場因為另一磁場的運動而被感應時，磁場的磁極必定成為彼此相互推拒，這就產生了你

所感覺到的抵抗力。有更多的匝圈就會感生出更多的電流，也就是增強了感生磁場，於是增加了抵抗力。

37.3 發電機及交流電

如果將磁棒的一端插進線圈之後立刻抽出來，感生電壓的方向便會因此而改變。當線圈內部的磁場強度增加時（磁棒進入），線圈的感生電壓是朝某一方向，但是當磁場強度逐漸消失時（磁棒抽出），感生電壓就朝相反方向。磁場改變的頻率愈高，感生電壓的交變頻率也就愈高。感生的交變電壓頻率，等於線圈內部磁場改變的頻率。

移動線圈比移動磁體來得切合實際，在固定的磁場中轉動線圈是最容易做的事，如圖37.5。這種裝置稱為發電機。本質上發電機與電動機恰好相反。電動機的功用是把電能轉換成機械能，發電機則是把機械能轉換成電能。

輸入機械能

電能輸出

轉動的線圈 →

◀圖37.5
一具簡單的發電機，當線圈在磁場中轉動時，電線中就有感生電壓。

當線圈在磁場中轉動時，線圈內的磁場線數量會如圖37.6所示的發生變化。在(a)的線圈內有最多數量的磁場線；線圈轉到(b)的角度時，圍住的磁場線就比較少了；等到轉到(c)的角度時，根本圍不到磁場線。線圈繼續轉動下去，包圍的磁場線又增加起來，如(d)所示；轉至整整半圈，如(e)時，它又到了最大值。線圈繼續轉動下去，線圈內的磁場大小就呈現出週期性的變化。

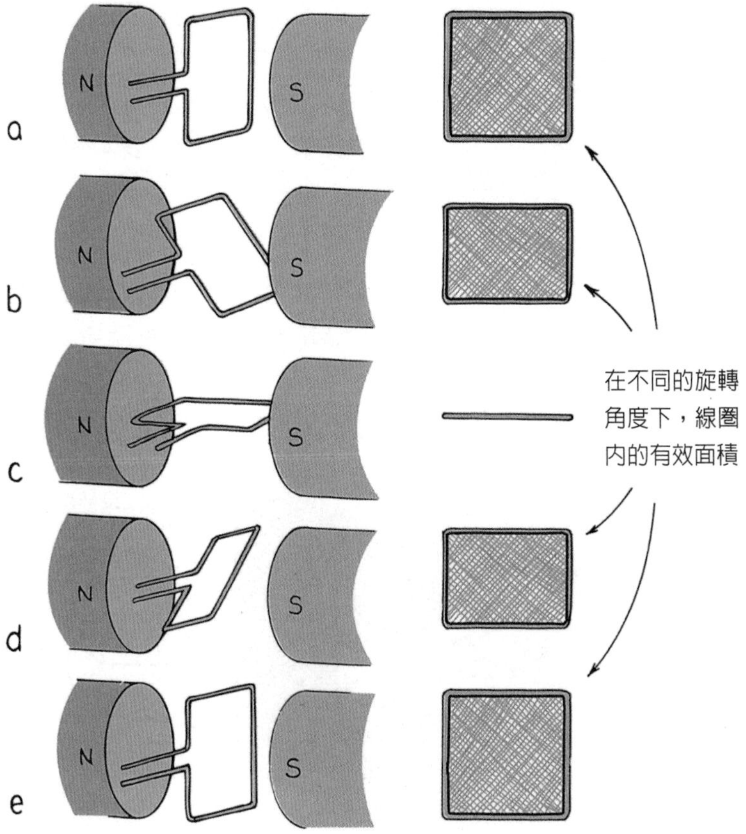

圖37.6 ▶
線圈轉動時，被線圈圍住的磁場線數量隨之改變。經最大值(a)變化到最小值(c)，再變回最大值(e)。

在不同的旋轉角度下，線圈內的有效面積

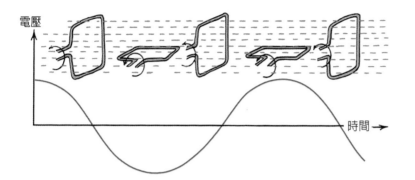

◀圖37.7
線圈轉動的時候，感生電壓（及電流）的大小與方向都會發生改變。線圈每完整旋轉一次，就產生完整一週的電壓（及電流）。

　　發電機的感生電壓週期性地交變，所產生的電流即成爲交流電，請看圖37.7。北美洲60赫茲的標準交流電，即每秒鐘有120次方向和大小的改變。

　　電廠的發電機當然比我們這裡討論的模型複雜得多。巨大的線圈是由鐵心上纏繞很多圈電線而製成，這種電樞和電動機的電樞十分相似，都是在強大的電磁體所生的強大磁場中轉動。

　　電廠外面有一個稱爲渦輪機的葉輪裝置，與電樞相連接。利用風能或者水力都可以推動渦輪機，不過大多數的商用電機是以蒸汽

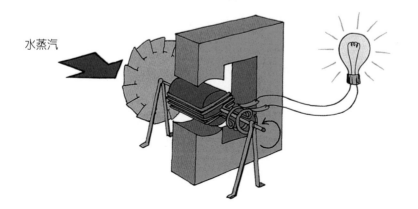

水蒸汽

◀圖37.8
水蒸汽推動渦輪機，渦輪機則帶動發電機的電樞。

來驅動，一般的火力發電及核能發電是使用熱能產生水蒸汽，再以水蒸汽來推動渦輪機。

我們想強調的是，要讓發電機運轉，需要某一種的能源。通常能源是來自燃料，其中一部分的能量被轉換成機械能以驅動渦輪機，而與渦輪機相連的發電機就把大部分的機械能轉換成電能。所謂的供電，不過就是把這樣的能量攜載往遠方。有些人以為電就是能源；嚴格說來，電不是能源，電是能量的一種形式，它必須有能量源。

經機械能至電能，可以有接近百分之百的轉換效率。可是由於熱力學定律的限制，熱能轉換成機械能或轉換成電能的效率，則低得多。一個典型的熱力（核能或火力）發電廠，只有35%至40%的燃料能量可成為電能自電廠輸出。

37.4 電動機與發電機的比較

第36章討論過電流如何受到磁場的偏向，這效應奠定了電動機運轉的基礎。那項發現的十年之後，法拉第和亨利又發現了電磁感應，才奠下發電機運轉的基礎。然而這兩項發現都是基於同一個事實：運動中的電荷經過磁場的時候，會感受到一股偏向力，力的方向垂直於運動的方向與磁場的方向。

請看圖37.9，我們把電線的偏向稱為電動機效應，把感應定律稱為發電機效應。你能看出這兩種效應的關係嗎？

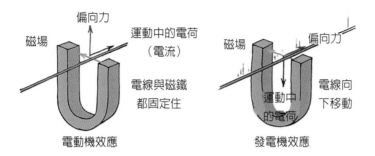

▲圖37.9

（左）電動機效應：當電流向右通過，電子會受到垂直向上的力。由於沒有向上的傳導路徑，所以電線被電子向上抬起。（右）發電機效應：電線原本沒有電流通過，當它被往下推動時，電線內的電子感受到與這運動垂直的偏向力。在這個偏向力的方向正好有傳導路徑，於是電子沿著這路徑移動，就成為電流。（電流方向的箭頭，一般是代表正電荷移動的方向。）

37.5　變壓器

　　試想如圖37.10所示的兩具並排的線圈，一具連接一個電池，另一具連接一個電流計。習慣上，連接電源的線圈稱為主線圈（輸入線圈），另外那具線圈則稱為副線圈（輸出線圈）。在主線圈上的開關接通時，電流立刻在主線圈內通過，此時副線圈內也會有電流通過，雖然兩個線圈之間並沒有實物相連。可是副線圈的電流僅是短暫的湧現而已。當主線圈上的開關被切斷時，副線圈的電流計又會短暫湧現電流，不過這次的電流是反向的。

　　解釋這個現象十分簡單，主線圈在其周圍建立的磁場有部分延伸至副線圈中。主線圈的磁場變化被旁邊的副線圈感應到，副線圈

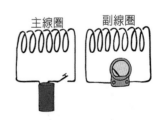

▲圖37.10

當主線圈上的開關接通和切斷時，副線圈的電路會有感生電壓。

就因這些磁場強度的變化，依據法拉第定律，在副線圈內產生感應電流。

如果我們在圖37.10所示的設置中，把一根鐵棒穿過主線圈和副線圈中心，主線圈所生的磁場會因鐵心內的磁域排列之後而更為加強，並且磁場集中在鐵心，一直往副線圈內延伸，於是副線圈感受到更強的磁場變化。主線圈的開關一開一關的瞬間，副線圈上的電流計會顯示出較大的電流湧現。

❓ Question

當主線圈上的開關如圖37.10所示接通或切斷的瞬間，副線圈上的電流計可測到電流。但是讓開關維持接通狀態不變，副線圈上的電流計卻測不到電流，為什麼？

🅐 Answer

讓開關維持在接通處，主線圈的電流穩定下來，周圍的磁場也很穩定。這磁場也延伸到副線圈中；但是除非磁場發生變化，否則不會有電磁感應發生。

如果不採用開關的接通與切斷來造成磁場變化，而是改用交流電來供應主線圈，那麼主線圈與副線圈的磁場變化率就等於交流電的頻率。現在我們就有了一個變壓器的裝置了，請見圖37.11。

更有效的變壓器裝置就像圖37.12所示的，將鐵心做成一個完整接通的鐵環，可以將全部磁場線導入副線圈中，所有主線圈的磁場線都被副線圈截用。

利用變壓器，可以將電壓升高或降低。我們從圖37.13的分解動作就可以看出來。設想如圖37.13(a)中，主線圈只有一匝，連接到1

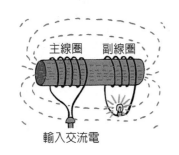

▲圖37.11
一個很簡單的變壓器

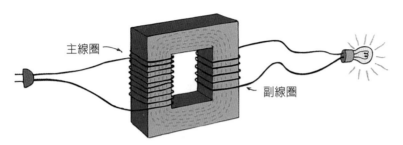

◀圖 37.12
使用鐵心引導變化的磁場線，可
製成更有效率的變壓器。

伏特的交流電源上。副線圈以對稱的方式也只有一匝，它截取了主
線圈的全部變化磁場線，所以副線圈的感生電壓也是 1 伏特。

　　如果在鐵心上再繞一匝，這變壓器就有了兩個副線圈，如圖
37.13(b)。加上去的副線圈也截取了相同的變化磁場，於是也產生 1

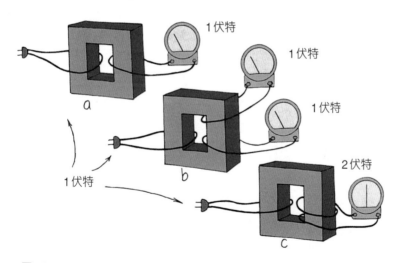

▲圖 37.13
(a)副線圈的感生電壓是 1 伏特，等於主線圈的電壓。
(b)新加的副線圈，感生電壓也是 1 伏特，因為它也截取了相同的變化磁場。
(c)兩個一匝的副線圈的感生電壓之和，等於一個 2 匝的副線圈的感生電壓。

伏特的感生電壓。這兩個副線圈並沒有必要分開來,如果把兩個副線圈連接起來,如圖37.13(c),由於各自的感生電壓不變,總的感生電壓便是1伏特加1伏特,等於2伏特。這就是說,一個兩匝的副線圈有2伏特的感生電壓。副線圈的匝數是主線圈的2倍,於是副線圈的感生電壓也是主線圈的2倍。

如果副線圈所繞的匝數是主線圈的3倍,那麼感生電壓也會是3倍。如果副線圈的匝數是主線圈的100倍,感生電壓就是100倍。把副線圈的匝數做得比主線圈的匝數較多的裝置,就是一具升壓變壓器,升高的電壓可以點亮霓虹燈和操作電視機的電子鎗。

如果副線圈的匝數比主線圈少,副線圈產生的交變電壓就低於主線圈的交變電壓。假設副線圈只有主線圈匝數的一半,感生電壓便只有主線圈的一半,降低的電壓可安全地使用於玩具火車上。

因此,電能可以用某一特定的交變電壓輸入主線圈,再以較高的或較低的交變電壓自副線圈取用。主線圈與副線圈匝數的相對多寡,可決定電壓是升是降。

主線圈與副線圈的電壓各自相對於線圈匝數之間的關係,可以寫成:

$$\frac{主線圈電壓}{主線圈匝數} = \frac{副線圈電壓}{副線圈匝數}$$

變壓器的升高電壓,好像是不用代價就可以獲得的東西。沒這回事!能量守恆律一定會控制任何事情的發生。事實上,變壓器是將電能自一個線圈傳送進另一個線圈,能量傳送率就是電功率。副線圈消耗的電功率由主線圈供應,副線圈使用多少,主線圈就供應多少,不會給得更多,完全符合能量守恆律。如果小量的鐵心發熱所消耗的能量不予計算,那麼:

主線圈輸入電功率 ＝ 副線圈輸出電功率

電功率等於電壓與電流的乘積，於是我們可列出：

主線圈電壓×主線圈電流 ＝ 副線圈電壓×副線圈電流

你可以發現副線圈的電壓如果比主線圈的高，它的電流就比主線圈的小。反之也是如此，如果副線圈的電壓比較低，那麼它的電流將會比較大。用變壓器能夠輕易將電壓升高或者降低，這是大多數發電廠以交流發電而不以直流發電的主要理由。

工藝中的物理

磁碟片儲存

電腦將數據儲存於磁碟片，也就是塗裝了磁性物質的塑膠碟片裡。錄寫過程基本上是這樣的：磁碟片一直轉動，讓磁頭把載有資訊的電脈衝轉變成磁脈衝後，放印在磁碟片上。要讀取資料時，你把這些以磁碼儲存的磁碟片放在轉盤上轉動，經過磁頭之下時，由於磁頭內裝有一個小線圈，可以把磁脈衝轉變回電訊號，因此而能讀取磁碟片中的資訊。

Question

以下各問題都以變壓器的主線圈為 100 匝、副線圈為 200 匝，做為計算基礎：

1. 如果主線圈跨接的電壓是 100 伏特，副線圈輸出的電壓是多少？

2. 副線圈連接到一座探照燈上，其電阻為 50 歐姆。假設上題的答案是 200 伏特，那麼副線圈的電路將會有多少

電流？

3. 副線圈的電功率是多少？

4. 主線圈的電功率又是多少？

5. 主線圈會有多少電流通過？

6. 電壓升高了，電流則減少了。歐姆定律說電壓增加會使電流增加，這裡有矛盾存在嗎？或者歐姆定律不適用於變壓器？

🅐 Answer

1. 從「100伏特／主線圈匝數100＝？伏特／副線圈匝數200」這個計算式，即可看出副線圈的輸出電壓為200伏特。

2. 自歐姆定律可得：200伏特／50歐姆＝4安培。

3. 電功率＝200伏特×4安培＝800瓦特。

4. 根據能量守恆律，主線圈的功率應該一樣是800瓦特。

5. 電功率＝800瓦特＝100伏特×？安培，所以主線圈取用8安培的電流。（經主線圈到副線圈是升壓，相對的電流就是減少。）

6. 沒有矛盾，歐姆定律仍然有效。副線圈電路中的感生電壓除以副線圈電路中的負載（即電阻），等於副線圈電路中的電流。所謂電流減少是與主線圈的電路所取用的大量電流作比較。

37.6 電能輸送

　　今天幾乎所有電力公司出售的電能都是交流電，因為交流電可以很容易由一種電壓轉變成另一種電壓。長途輸送的電能使用高壓

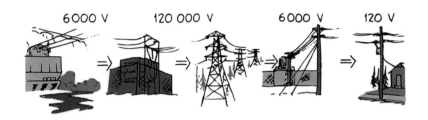

及相對應的低電流，不採取這方式就會由於輸電線的發熱而損失大量電能。由發電廠輸往都市的電能，可以先用大約 120,000 伏特或更高的電壓輸送，抵達都市之後，先降壓至大約 2,200 伏特，最後再降壓至 120 伏特，供應到家庭的電路使用。

　　因此電能是藉由電磁感應，自一個導線系統轉送到另一個導線系統。無線電傳送電能也是基於同樣的原理，自天線發射無線電波可以到達幾十公里外的接收器。太陽中振動電子的大量光能和熱能，轉變成地球上的生命能源，也是歸因於這原理。電磁感應的效應是無遠弗屆的。

37.7 電場與磁場的感應

　　到現在為止，我們對電磁感應的討論都只是跟電壓、電流的產生有關。事實上，更基本的討論方式是從電場著手。電場是引起電壓及電流的原因。無論是否有導線或任何材料介質存在，感應都會發生。

　　法拉第定律可以改成如下更廣義的陳述：

POWER LINES

我把這盞燈接上這個 12 伏特的電池，線上通過的電流是 1 安培。

那麼輸入這燈的電功率就是 12 瓦特囉！

從電池的兩極接上兩條長長的供電線，我能夠在這麼遠的地方把電極延伸過來供電給這盞燈。

太神奇了，供電線簡直就是電池的長端鈕。

通過供電線和進入燈泡的是相同的電流。可是大電流會使電線發熱，使輸入燈泡的電功率減少。

對了，電流會使電線發熱，但電壓不會。

如果要有效率地長距離輸送電能，就必須減小供電線的電流。

但是電流小了，不是僅能輸送小量的電能嗎？

我們可藉由交流電，利用高電壓、低電流來輸送大量電能。直流電可辦不到。現在我把供電線接到 120 伏特的插座上。

這麼高的電壓，您不是會給了超過 12 瓦特的電嗎？

120 伏特的電壓太高，燈泡燒壞了。所以我在供電線和電燈之間加接一具變壓器，將電壓降低十倍。

哦，這就是物理嗎？！

現在跨過燈泡的電壓是 12 伏特，進入的是 1 安培的交流電。

啊哈，仍然是 12 瓦特！

100 匝　10 匝

細細想就可以發現，通過供電線的電流只是 1/10 安培。

對極了，120V × 1/10A = 12V × 1A。

現在你知道，長距離的電能傳輸為什麼要用非常高的電壓了吧？

物理！物理！了不起的物理！

> 在磁場隨著時間發生變化的任何空間裡，都會產生電場。
> 這電場的強弱與磁場變化率成正比，這電場的方向與變化
> 中磁場的方向成直角。

若是在這產生電場的空間正巧有電荷存在，這些電荷就會感受到一股作用力。電荷若是在一條電線內，這股作用力就能造成電流，或者將電荷驅逐到另一端。如果電荷在沒有東西阻擋的區域，例如在加速器的巨室之內，這股作用力會使得電荷加速到很高的速率。

另外，還有一個效應可和法拉第定律相對應。它正好類似法拉第定律，只是電場與磁場的角色互換而已。這兩個定律所透露出電場與磁場的對稱性，是自然界許多神奇的對稱性之一。法拉第定律的這個夥伴是由英國物理學家馬克士威（James Clerk Maxwell, 1831-1879）於1860年代完成的。依馬克士威所言：

> 在電場隨著時間發生變化的任何空間裡，都會產生磁場。
> 這磁場的強弱與電場變化率成正比，這磁場的方向與變化
> 中電場的方向成直角。

以上的兩段陳述是物理學上最重要聲明中的兩個，它們立下了了解電磁波的基礎。

37.8 電磁波

在靜水中往復搖動一根小棒，你會在水面上製造出水波。同樣

▲圖37.15
往復搖動一根帶電荷的任何東西，都會產生電磁波。

的，在空中往復搖動一根帶電荷的小棒，你會在空中製造出電磁波。這是因為揮動中的電荷可以被看成是電流的關係。

　　但是在電流周圍的，是什麼呢？答案就是磁場。而變化中的電流周圍的，又是什麼呢？答案是變化中的磁場。關於變化的磁場，我們已經知道些什麼呢？答案是它會產生一個變化的電場，這是依據法拉第定律來回答的。關於變化的電場，我們又知道些什麼呢？按照馬克士威相對於法拉第定律的理論，變化中的電場又會產生一個變化中的磁場。

　　電磁波是由振動的電場與磁場組合而成的，彼此間又相互感生出磁場與電場，並不需要介質。這些振動場自振動的電荷向外運動；電磁波的每一點上，電場與磁場必定互相垂直，又同時與波的行進方向垂直，請參閱圖37.16。

圖37.16▶
電磁波的電場與磁場互相垂直

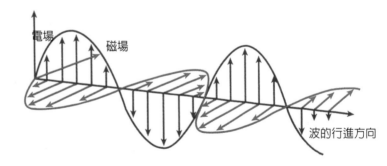

　　電磁波的行進有多快呢？這是一個非常有趣的問題，在物理史上是十分重要，而且很有意義的。如果你問棒球飛得有多快，或者汽車、太空船、甚至一個行星移動得有多快，答案是無法立刻確定，因為那要看物體是怎樣開始運動的，因什麼力的作用而運動。但是對電磁波而言，永遠只有一個速率（光速），無論電磁輻射的頻率、波長或強度是多少，速率都是一樣。

　　這種以恆定速率傳播電場與磁場的特殊現象，是由馬克士威發現的。若想要了解這個道理，要訣在於認識這兩種場波動前進時所展現的完全平衡。電磁波不斷地自我強化，電場的變化感生出磁場，磁場的變化又感生出電場。馬克士威方程組證明了只有一個速率能夠維持這和諧的場平衡。如果我們假想電磁波的行進速率低於光速，則這兩個場會迅速消逝。因為電場會感生出較弱的磁場，磁場又感生出更弱的電場……。如果我們再假想電磁波以高於光速行進，電磁場會漸次增強至沒有止境，顯然依照能量守恆律的規範，這是萬不可以發生的事情。只有在某一恰到好處的速率下，這種互相感應可以無盡地繼續下去，能量既不增加、也不損失。

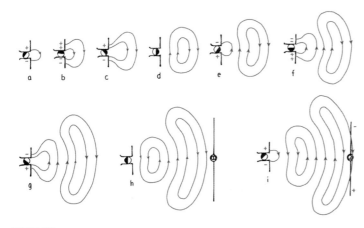

▲圖37.17
電磁波藉由發送天線向外發射，再由接收天線接收。圖中顯示一個轉動的器具將天線的上下兩部分交換，充以正電荷及負電荷。按照連續圖示，經(a)到(i)顯示了天線的上下兩部分是如何加速電荷而射出電磁波。圖中只畫出電場線的模樣，沒畫出來的磁場線則是與電場線垂直，穿透紙面上下。(h)和(i)也圖示了電磁波抵達接收天線的情況，可以想見天線內的電荷會隨著電場的節奏而振動。

極低頻率的輻射危險嗎？

我們生活在看不見的恐懼之中，任何存在或想像中存在的東西，卻不爲我們的感官測到的，通常都成爲恐懼之源。

很多人害怕輻射，有些輻射是有害的，有些則不是。由核反應發生的輻射無疑是有害的，至於調幅收音機的低頻率輻射，應當不會再有人很認眞地認爲是危險的了。但是近年來有些書刊雜誌在搧風點火、恐嚇大衆，指稱普通極低頻率的 60 赫茲電源，會發出致癌的輻射，引起大衆的不安。

他們這種指責是眞的嗎？部分活躍份子說是的，然而多數科學家經過小心研究之後，將這種指責歸類爲毫無依據的疑懼。生物科學家指出，這種極低頻電源所生的電場到達人體細胞時，比細胞之間正常的電效應還小上一千倍。他們同時指出，罹患癌症的比率在過去五十年來不是大致維持恆定，就是降低（因吸菸而增加的癌症則屬例外）。而這五十年當中，暴露於極低頻率輻射的人卻是大量增加。科學家所進行的更詳細分析，都顯示癌症和極低頻率輻射之間，並不相關。

假若你是一個科學家，你發現一些不太明確的證據，指向某種普通的食物，例如番茄，可能嚴重影響健康。你將這個發現向大衆公開時，該有怎樣負責任的想法？如果你強調你的發現是不很確定的，也許根本沒人理你，那就得不到警告的效果。那麼你是否要發表嚴正的聲明，以引起大衆的注意，儘管你的發現並非有確實的證據支持？

　　馬克士威從他的電磁感應方程式組（共四個方程式）中，演算出這個臨界速率的數值，發現它正好是每秒30萬公里。他的演算中所用的常數，只是他從實驗室的電場及磁場實驗所測定出來的數值，換句話說，他並沒有利用光速，是他發現了光速。

　　馬克士威很快就明白，他已經發現了宇宙間最偉大的奧祕之一的解答，那就是光的本質。如果電荷的振動被設定在一個範圍為每秒 4.3×10^{14} 至 7×10^{14} 次振動之間，所產生的電磁波將會活化人類眼睛視網膜上的許多「電天線」。光不過是這個頻率範圍內的電磁波而已。這頻率範圍內的低頻率端顯現紅色，高頻率端顯現紫色。馬克士威發現任何頻率的輻射，都是同樣以光速行進。

　　馬克士威發現了這解答的當晚，和他的女朋友約會，後來她成為他的妻子。當他們在花園中散步的時候，女朋友讚嘆天上星星的美麗和神奇。馬克士威問：如果她知道一起散步的人是全世界唯一了解星光真正是什麼的人，會有什麼樣的感覺？那的確是真的，在那一刻，全世界只有馬克士威知道，任何形式的光都是電場與磁場的波動所攜帶的能量，這電場與磁場不斷地互相感生。

觀念一把抓

觀念摘要

電磁感應是藉由改變磁場，使鄰近的導體感應而產生電壓。

◆ 依據法拉第定律，線圈中的感生電壓與「匝數乘以環內磁場變化率所得的乘積」成正比。

◆ 發電機利用電磁感應，把機械能轉變為電能。

◆ 變壓器利用電磁感應，在副線圈中感生一個電壓，這個感生電壓異於主線圈原來的電壓。

電磁感應可以用「場」的觀念來闡釋。

◆ 改變磁場，可感生出電場。

◆ 改變電場，可感生出磁場。

◆ 電磁波由振動的電場與磁場組合而成，它們會互相再感生。

◆ 所有電磁波都以同樣的速率行進，也就是以光速行進。

重要名詞解釋

電磁感應　electromagnetic induction　導體內部因為附近的磁場發生變化而感應出電壓的現象。（37.1）

感生　induced　用來形容「由於磁場、電場發生了變化，或是導體穿越磁場或電場而產生的」電壓、電場或磁場。（37.1）

法拉第定律　Faradey's law　線圈中的感生電壓與「線圈匝數和線圈內的磁場變化率兩者的乘積」成正比（37.2）。一般而言，任何空間內的磁場若隨著時間發生變化，即會有感生電場產生。感生電場的大小與磁場變化率成正比（37.7）。

發電機　generator　藉由在靜止磁場中轉動線圈以產生電流的機器。（37.3）

變壓器　transformer　藉由電磁感應來提升電壓或降低電壓的器具。（37.5）

借題複習

1. 法拉第和亨利兩位物理學家發現了什麼？（37.1）

2. 如何藉磁鐵之助，使電線中感應生出電壓？（37.1）

3. 將一塊磁鐵插入線圈中，能使線圈感應而生電壓，如果將磁鐵插入匝數較多的線圈中，會發生什麼效果？（37.1）

4. 將一個很多匝的線圈連接上一個電阻，會讓插入磁鐵時增加困難，為什麼？（37.1）

5. 電流與電壓都藉由電磁感應而在電線內感生。為什麼法拉第定律以感生電壓來闡釋，不以感生電流來說明呢？（37.2）

6. 磁場變化的頻率與因此而感生的交變電壓頻率之間，有什麼關係？（37.3）

7. 發電機是什麼？和電動機有什麼不同？（37.3）

8. 為什麼發電機的電樞轉動，能感應產生交流電？（37.3）

9. 發電機裡的電樞必須要轉動才能感生電壓和電流。電樞為什麼能轉動？（37.3）

10. 電動機的三要件是：磁場、運動中的電荷、磁力。那麼，構成發電機的三要件是什麼？（37.4）

11. 在一個線圈（主線圈）中變化的電壓，如何能不經過實體的接觸，就傳送到鄰近的線圈（副線圈）中呢？（37.5）

12. 為什麼將一根鐵心貫穿主線圈和副線圈的內部，可以加強它們的電磁感應呢？（37.5）

13. 變壓器真正傳輸的是什麼？是電壓、電流，還是電能？（37.5）

14. 一個升壓變壓器提升的是什麼？電壓、電流、還是電能？（37.5）

15. 主線圈與副線圈的相關匝數，如何成為變壓器升壓和減壓的影響因素？（37.5）

16. 如果副線圈的匝數是主線圈匝數的 10 倍。主線圈的輸入電壓為 6 伏特，那麼副線圈的感生電壓是多少？（37.5）

17. (a)變壓器中，主線圈輸入的電能與副線圈輸出的電能相比，大小如何？
    (b)主線圈中的電壓與電流的乘積，和副線圈中電壓與電流的乘積相比，大小如何？（37.5）

18. 為什麼長距離的電力輸送採用高壓電最有利？（37.6）

19. 電壓和電流的觀念，是以哪一個基本物理量為基礎？（37.7）

20. 以場來闡述的法拉第定律，以及馬克士威理論中的對應部分，兩者之間有何不同？這兩種定律如何對稱？（37.7）

21. 高頻率與低頻率的電磁波，它們的波速是否相同？（37.8）

22. 光是什麼？（37.8）

想清楚，說明白

1. 一把電吉他有一具發音器，它含有一個繞著永久磁鐵的線圈，永久磁鐵的作用是把附近的吉他弦磁化。當吉他弦被撥動時，就在線圈上方振盪，因而改變了穿越線圈的磁場。吉他弦振盪的音律使線圈內的磁場也產生相同音律的變化，繼而使線圈感生相同音律的電壓，感生電壓放大之後送到擴音器，就成為音樂。為什麼電吉他若使用尼龍弦，就會讓這種發音器失效？

2. 為什麼把發電機連接到電路以供應電流時，發電機的電樞轉動得比較吃力？

3. 有些腳踏車在車輪旁安裝一具小發電機，車輪轉動時發電機就被帶動。這發電機供應電能給車燈。如果把車燈關掉，騎腳踏車時會比較省力嗎？請解釋。

4. 一具吹風機正常操作下使用較小電流，但是若由於某種原因使裡面的電動機難以轉動時，電流會大量增加，以致電動機過熱。為什麼？

5. 有一條表面塗裝氧化鐵的塑膠帶，一部分磁化較強，一部分磁化較弱，當這塑膠帶在一小線圈旁通過時，對小線圈會怎麼樣？這裡所講的東西實際應用在哪裡？

6. 在一張塑膠硬卡上塗裝一條磁性材料，並將這條磁性材料做過不同的磁化，然後通過一個小線圈之下，線圈會怎麼樣？這種卡片實際上應用在哪裡？

7. 如果在路面下埋置一個很大的電線閉合環圈，鋼鐵製造的車子從上面碾過時，這個閉合環圈內的地球磁場會因而改變嗎？這會不會產生一股電流脈衝呢？（你能想出這種設置的實際應用嗎？）

8. 你能想出一個辦法將導線線圈穿越過一個磁場，而不至於使線圈感應生出電壓來嗎？

9. 為什麼變壓器需要用交流電？

10. 一具高效率的變壓器可以提升電能嗎？請詳細說明。

11. 不用燃料來發電，我們直接安裝一台電動機來帶動發電機，發電機產生的電以變壓器升壓，再用這電來驅動電動機，同時又可供給其他用途。以上所說的偉大構想，可有什麼不對？

實戰演練

1. 一變壓器的輸入電壓是9伏特，輸出電壓是36伏特。如果輸入電壓改為12伏特，輸出電壓將會是多少？

2. 一具手提錄音機使用12伏特電壓才能正確運轉，在牆上120伏特的插座上連接一台變壓器，這變壓器正好適合供應電能給錄音機，如果主線圈是500匝，副線圈應該是多少匝？

3. 一列模型電車需要用低電壓來運轉，如果變壓器的主線圈有400匝，副線圈有40匝，把主線圈接上家中的120伏特電源，供應給模型電車的電壓會是多少？

第六部

原子與核物理

Conceptual Physics - The High School Program

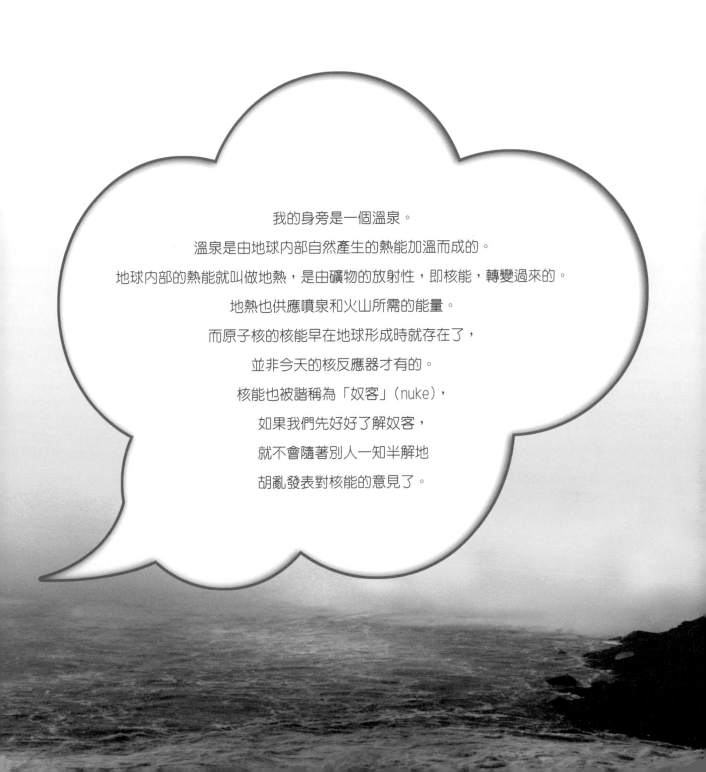

我的身旁是一個溫泉。

溫泉是由地球內部自然產生的熱能加溫而成的。

地球內部的熱能就叫做地熱，是由礦物的放射性，即核能，轉變過來的。

地熱也供應噴泉和火山所需的能量。

而原子核的核能早在地球形成時就存在了，

並非今天的核反應器才有的。

核能也被諧稱為「奴客」（nuke），

如果我們先好好了解奴客，

就不會隨著別人一知半解地

胡亂發表對核能的意見了。

第 38 章

原子與量子

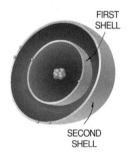

FIRST
SHELL

SECOND
SHELL

《觀念物理》的最後一個單元，共有三章，要
引領我們進入小到無法想像的原子領域中。

這一章先來探究原子的結構，那是經由光的
照射所得到的結果，加以分析出來的。光有二象性，我們倚靠光的
性質已經大量增進了對於原子世界的了解。下一章的主題是原子核
的結構和放射性。最後一章是說明核分裂及核融合。

38.1 原子模型

沒有人見過原子的內部構造是什麼樣子，因為我們不可能親眼

目睹。於是只好造出一些模型，來模擬次原子領域中發生的一些變化。多數人想像中的原子是一種行星式的模型，如同行星在軌道上繞著太陽運轉一般，電子也在軌道上繞原子核轉動。這是一種早期的原子模型，由丹麥物理學家波耳於1913年首先提出的，請看圖38.1。

　　近代已經用比較複雜的一種模型取代。較新的原子模型將原子內部的電子用展布的電子雲來代表，見圖38.2。不過，我們還是喜愛用原來較簡單的模型來簡化思考，在說明原子發射出光線時，行星式的原子模型對於了解這種現象仍然十分有用。

　　模型的價值不在於「真實性」，而是著重「實用性」。模型幫助我們了解難以想像的交互作用過程。一個有用的原子模型，必須與光的模型相符合，因為我們對原子的認知大多是經由研究它們發射出的光和各種輻射。大部分的光是電子在原子內的運動中，因能量的變化而產生的。

　　幾百年來，我們認為光具有兩種主要模型：粒子模型和波動模型。牛頓相信光的粒子模型，他認為光是一群很小的粒子。荷蘭物理學家惠更斯（Christiaan Huygens, 1629-1695）相信光是波動現象。過了一個多世紀之後，英國物理學家楊氏（Thomas Young, 1773-1829）用干涉現象的試驗加強了波動模型的地位。接著，馬克士威提出光是一種電磁輻射，是更寬廣的電磁波譜中的一部分。等到德國物理學家赫茲（Heinrich Rudolf Hertz, 1857-1894）成功製造出頻率處於無線電波範圍的電磁波，證實了馬克士威對電磁波的預測，這等於給了波動模型最大的支持，至此光的波動學說似乎已經拍板定案了。但馬克士威的電磁波模型還是無法完全闡述光的本質，1905年，愛因斯坦的理論又使光的粒子理論復活了。

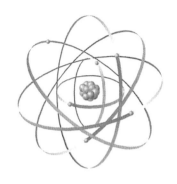

▲圖38.1
早期的行星式原子模型中，電子在軌道上環繞著原子核運轉，就如同行星環繞太陽一般。

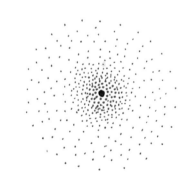

▲圖38.2
現今的原子模型，內部的電子不再是粒子，而是具有波動特性，散布成電子雲。

38.2 光量子

　　愛因斯坦把光的粒子想像為一團聚集的電磁能。在此之前幾年，德國物理學家蒲郎克（Max Planck, 1858-1947）認為原子所吸收或者發射的光是一個個小團，不是連續性的光波。他把這一小團的光稱為量子。他相信馬克士威所提的說法，認為光是以連續性的波動存在，只不過在被吸收和發射的過程中，會成為量子。愛因斯坦就以這個構想為基礎，進一步提出光本身是由某種量子組成的，這種量子就稱為光子。

　　量子是一個基本單位，物體的最小份量。在愛因斯坦的年代就已經有將一些物理量予以量子化的構思。量子化之後的物理量是離散、分立的單位。物質是量子化的，例如一只金指環的質量，它等於單個金原子質量的若干整數倍。電量也是量子化的，因為所有電荷是個別電子所攜帶電荷的若干整數倍。

　　近代的物理學發現，還有別的物理量也是量子化的。比如能量與角動量這一類東西。光束的能量也是量子化的，因為光束是由光子聚集成的，只能是單一光子能量的整數倍。光的量子，廣義而言為電磁輻射的量子，就是光子。

　　光子沒有靜能（靜止時所具有的能量），它們以唯一的速率運動，那就是光速，是任何物體運動的最快速率。光子的總能量等於它的動能，這能量與光子的頻率成正比。將光子的能量 E 除以頻率 f，所得的結果總是相同的數值，不管頻率是大是小都一樣。這個常數值稱為蒲郎克常數，符號為 h。因此每一個光子的能量是：

$$E = hf$$

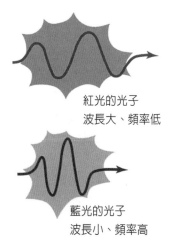

紅光的光子
波長大、頻率低

藍光的光子
波長小、頻率高

▲圖 38.3
一個光子的能量與光的振動頻率成正比

從這個方程式可以算出頻率為 f 的光子擁有的最小能量。光不是連續不斷地發射出來，它是一道光子流，其中的每一個光子的能量都是hf。

38.3 光電效應

愛因斯坦找到光電效應來支持自己首創的光量子理論。所謂光電效應是用光照射在某些金屬上，使電子自金屬內彈出。這種金屬被稱為具光敏性（對光敏感之意）。光電效應可應用於電眼、攝影師的測光錶，也應用於電影片的聲軌上以重現聲音。

研究人員發現高頻率的光，即使光源很弱，也能夠將光敏金屬表面上的電子輕易彈出；然而低頻率的光，即使光源較強，卻無法將電子驅逐。由於強光比弱光攜帶較多能量，因此對於較弱的藍光和紫光能使電子脫離某種金屬，而較強的紅光卻不能，科學家一度感到困惑不解。

愛因斯坦以光子的思維來解釋光電效應。在金屬表面的原子吸收光子的過程是整個接收，或者是完全不接受。每當一個、也僅能有一個光子被原子完全吸收，才有一個電子被逐出金屬之外。這就是說，有多少個光子擊中金屬，與電子能否被逐出絲毫不相干，如果每個光子的能量過低，那麼不管光的亮度或強度多高，也是起不了作用的。決定性的因素在於光的頻率，也是光的顏色。小量的藍光光子或紫光光子能夠逐出小量的電子，但是大量的紅光光子或橙光光子卻敲不下一個電子來。唯有高頻率的光子具備足夠集中的能量，得以拉下一個電子來。

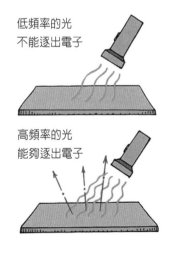

低頻率的光
不能逐出電子

高頻率的光
能夠逐出電子

▲圖38.4
光的頻率決定光電效應

Question

1. 相同頻率的光，較亮的光會比較暗的光從光敏性的金屬表面逐出更多的電子嗎？
2. 高頻率的光會比低頻率的光逐出更多電子嗎？

我們通常看見的波都有寬廣的波前（波陣面），波的能量就分布在整個波前。要把光波的能量集中到足以趕出金屬表面的電子，其不可能的程度就如海浪衝擊到沙灘時，居然將一顆沙灘上的圓石彈離岸邊、彈向內陸。光電效應是說：光是以光子的粒子束形式，與物質發生交互作用。光束中的光子數量決定了光束的亮度，光的頻率則控制了個別光子的能量。光以波動的形態行進，而以一串粒子的形態與物體發生交互作用。

愛因斯坦對光電效應的解說於十一年之後，得到美國物理學家密立根（Robert Millikan, 1868-1953）的驗證。愛因斯坦所詮釋的每一論點都被證實，連光子的能量與頻率成正比的關係也證明無誤，愛因斯坦是基於這光電效應的理論（不是由於他的相對論）而獲頒諾貝爾獎的。

Answer

1. 是的（前提是頻率夠高，足以逐出任何電子）。被逐電子的數量視射入光子的數量而定。
2. 不一定。如果該高頻率的光可以逐出電子，而該低頻率的光卻不能，那麼問題的答案是「是」，因為低頻率的光子能量不足以逐出電子。如果問題中的兩種頻率光都足以逐出電子，那麼被逐出電子的數量不因頻率而定，數量會因光的強度而定。

38.4 如粒子般的波

圖38.5顯示了一個個光子衝擊底片、逐漸顯影的過程，這些光子似乎是隨機撞擊到底片上。這幾張圖片有助於我們領會光波的行為也像粒子。

(a) (b) (c) (d) (e) (f)

▲ 圖38.5
顯示出光子一個接著一個造成相片顯影的幾個階段。

38.5 波動的粒子

如果波確實具有粒子的性質，粒子就不能有波動性質嗎？法國物理學家德布羅依（Louis de Broglie, 1892-1960）在1924年時提出這樣的問題。當時他還是一個學生，他對這個問題所做的答案讓他拿到物理博士學位，後來更為他贏得諾貝爾獎。

德布羅依提出的答案，是所有物質都可看成具有波動特性。所有的粒子，包括電子、質子、原子、子彈、乃至人體，都有一個與粒子的動量相關的波長，這個關係可寫成：

$$波長 = \frac{h}{動量}$$

h當然又是蒲郎克常數。從這個關係式算出來的波長稱為德布羅依波長。質量大而且只有正常速率的物體，波長小到無法用傳統的方法測量出來。可是小的粒子如電子之類，以高速運動時就有測得出來的波長了。

譬如：一顆子彈的質量為0.02公斤，每秒可前進330公尺，這種情形下的德布羅依波長是：h／mv ＝（6.6 × 10^{-34} 焦耳・秒）／（0.02公斤 × 330公尺／秒）＝ 10^{-34}公尺。這真是小得無法想像，比一個氫原子的直徑還要小百萬百萬百萬百萬倍。另一方面，一個電子以2%的光速前進，波長是 10^{-10}公尺，這正好是氫原子的直徑。因此電子的繞射效應可以測量得出來，但子彈的繞射效應則不可能測量出來。

最有趣的是電子束，行為就如一束光，可以在與光相同的條件下呈現繞射現象以及產生波的干涉現象，請見圖38.6。

◀圖38.6
（左）電子束繞射產生的條紋。
（右）光的繞射產生的條紋。

　　電子顯微鏡實際應用了電子的波動特性。典型的電子束波長為可見光波長的數千分之一，所以電子顯微鏡能夠辨識光學顯微鏡不可能看到的細節，請看圖38.7。

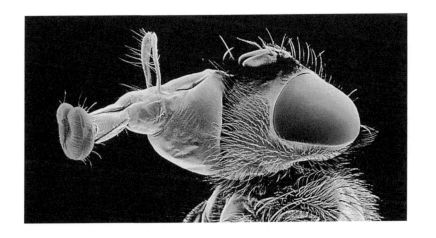

◀圖38.7
用掃描式電子顯微鏡看到的蒼蠅頭部。

38.6　電子波

德布羅依所提出原子內的物質波模型，比電子繞射效應的影響還要深遠。至於波耳發展出來的行星式原子模型，在解釋元素的原子光譜上，仍然十分有用，它可說明每種元素只能發射某些固定頻率的光。

電子環繞原子核，在不同的軌道上轉動，它們擁有的能量因所在軌道不同而異。以能量的觀點而言，我們說電子位於不同的能階上，意思就是電子位於不同的軌道上。原子內的電子在正常狀態下，多會停留在可以占有的能量的最低能階上。

電子可以藉由各種方式被提升到較高的能階。在氣體放電管中所發生的過程，便是利用這種特性。例如霓虹燈管就是利用這種原理做成的：電流先將氣體內的電子抬升到較高的能階，然後電子自行落回較低的能階，同時發射出光子，這光子的能量正好等於原子內這兩個能階之間的能量差。

每種元素光譜中的各條特性譜線，都可以對應到該元素原子內的電子在特定能階之間的躍遷。物理學家可以藉由檢驗原子光譜，來決定原子的各個能階。這是原子物理的一大成就。

當然，這種行星式原子模型並非完善，主要的缺點在於無法解釋為什麼原子內的電子只能占據某幾個能階？為什麼電子和原子核之間的距離不是連續的？要解決這些問題，必須把電子想像成波，而不是如同一顆顆彈珠似地繞著原子核，有如行星繞著太陽轉。科學家現在比較傾向於以波動來考慮電子，取代以往認為電子是粒子的思維。

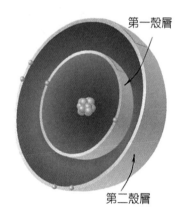

第一殼層

第二殼層

▲圖38.8
波耳的原子模型

　　按照德布羅依的物質波理論所說的，唯有電子波在繞行了軌道一圈後，仍然與原先的波動同相，這軌道才會存在。也唯有同相，才能一圈又一圈讓自己的波動出現相長干涉而強化。這就像樂器弦上所生的駐波，能夠在持續的反射中出現相長干涉而強化。以此觀點來看，電子不能再被視為原子內某一個點上的粒子了，而是把它看成質量與電荷都散布於原子核周圍的駐波，電子波的波長乘以若干整數倍之後，必須恰好等於軌道的周長，請看圖38.9。（這裡所說的相長干涉、相消干涉、同相、異相等等名詞，請參閱《觀念物理》第4冊第25章〈波與振動〉。）

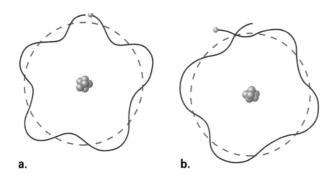

a.　　　　**b.**

▲圖38.9
德布羅依解釋原子內分立能態的方法。
(a)軌道上的電子只有在軌道的周長等於電子波長的整數倍時，才會形成駐波。
(b)當波繞了一圈後無法與原先的波動同相時，就會發生相消干涉。

　　根據這個模型，最內圈軌道的周長必須剛好等於電子波的一個波長，第二個軌道的周長正好等於電子波的兩個波長，第三個軌道是三個波長，以此類推，請參閱下一頁的圖38.10。這就如同用迴紋

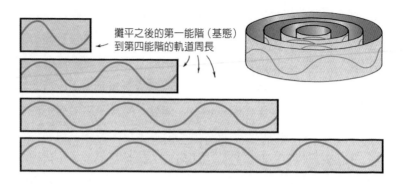

▲圖 38.10
從自我強化的駐波而得到電子運動的各個能態,這張圖是把這個原理簡化了的圖解。圖中僅顯示圍繞原子核的圓形路徑。軌道的周長是電子波長的整數倍,不同元素有不同的波長(同一元素中又有不同的軌道)。於是造成了分立、不連續的能階,成為元素的特性。在真正的原子中,駐波形成的軌道是球形殼層和橢球形殼層,而不是像圖中所示的平直圓形。

針串連起來的項鍊,無論這項鍊有多長,周長必定是一枚迴紋針長度的整數倍。由於各個電子軌道的周長彼此是分立、不連續的,所以這些軌道的半徑也是分立、不連續的,能階當然也是分立、不連續的。

　　這個觀點說明了為什麼電子不會以螺旋方式愈來愈接近原子核。每當原子發射光子時,電子就直接跳進較接近原子核的軌道。如果每個電子的軌道都可以用駐波來描述,那麼最小的軌道周長必定不會小於一個波長。

　　在更為現代化的原子波動模型中,電子波不僅圍繞著原子核,甚至還進出原子核。電子波在三維空間展布開來,形成一種電子雲的形態,就像前面的圖 38.2 所顯示的。

38.7　原子的相對大小

在波耳的原子模型中，電子軌道的半徑是由原子核所帶電荷的量來決定的。例如在氫原子中，帶有正電荷的單獨一個質子只能在某一半徑軌道上牽引住一個帶負電荷的電子。如果原子核的正電荷加倍，軌道上運行的電子由於受到加倍的吸引力，就會被牽引到半徑減少一半的軌道上。可是，這種現象不會發生，因為原子核為兩倍正電荷時，會吸引住另外一個電子，由這第二個電子的負電荷來抵消原子核中的正電效應。這個增加的電子中和了原子的電性，而這個原子就不再是氫原子，而是氦原子了。兩個電子都在氦原子的特性軌道上。

如果在原子核中再添加一個質子，不單是把電子的軌道拉得更接近原子核，並且更在第二個軌道上牽引住第三個電子，這原子就是鋰原子，原子序為3。以這種方式繼續在原子核增加正電荷，也繼續增加更多的電子和軌道，目前最多可增加到原子序超過100，達到合成的放射性元素為止。

每個軌道所能容納的電子數量有各自的極大值。量子力學指出：當一個軌道上有 $2n^2$ 個電子時，那軌道就填滿了。這裡第一個軌道的n就是1，第二個軌道的n就是2，第三個軌道的n就是3，以此類推。n等於1，軌道上可有2個電子；n等於2，軌道可有8個電子；n等於3，軌道上最多可容納18個電子。n的數值稱為主量子數（principal quantum number），因為較重的原子會引起許多複雜的內部作用，因此這個簡單的 $2n^2$ 定則只限於較輕的原子才有效。

若是原子核的電荷增加了，同時外層軌道上也增加了新加入的

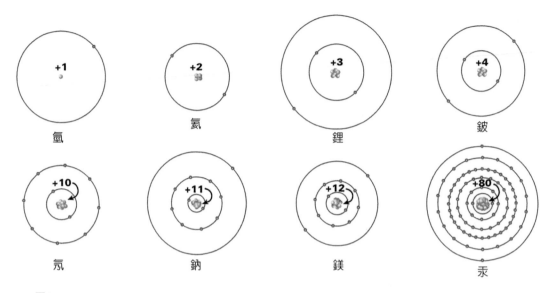

▲圖38.11
以大致相同的比例畫出來的八個輕重不同的原子軌道模型，可以看出較重的原子並不比輕的原子大很多。

電子，內層軌道會因原子核加強了電吸引力而縮小。也就是說，較重的元素其原子直徑不比輕的元素大多少，請看圖38.11。例如鈾原子的質量是氫原子的238倍，鈾原子的直徑卻只有氫原子的三倍大。

每一種元素的電子軌道分布都是該元素所獨有的。例如，鈉元素中，每個軌道的半徑在每個鈉原子都相同，但和別種元素的電子軌道完全不一樣。我們仔細研究92種自然存在的元素，發覺它們有92種不同的模式，所以每種元素都有自己獨特的軌道模式。

波耳的原子模型解讀了各種元素的原子光譜的奧妙。它說明了X射線是當電子從外層軌道落入內層軌道時發射出來的能量。波耳能夠預測各種X射線的頻率，後來都被實驗證明是正確的。他也算出將氫原子離子化所需的能量，那是將氫原子內的電子完全逐出原

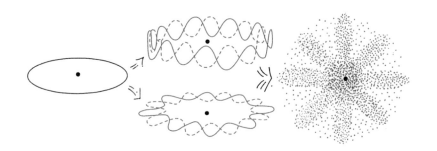

◀圖38.12
原子模型從圖左的波耳行星式模型演進至圖右的波動模型，電子成「雲」狀散布在原子內外。德布羅依的波動觀點（圖中）仍然遵循軌道的形式，但已向最後的模型跨進一大步。

子所必要的能量，後來同樣也被證實了。波耳模型獲知許多元素的一般化學性質，甚至測知了一個尚未現身的元素，導致後來鉿元素的發現。

波耳模型是十分了不起的。然而波耳卻立刻指出他的模型只能看成是個粗糙的起始，把電子想像成行星繞著太陽般地旋轉也不能完全當真（但是大眾媒體卻不加理會）。他的分立軌道不過是對原子的概念表述，卻於後來發展出波動的解釋。

無論如何，波耳的行星式原子模型中，電子占有分立能階的觀點，奠立下今天更加複雜的原子模型。最新的模型建立於一種與20世紀之前的牛頓等物理學家的構思完全不同的基礎上。這新的構思是所謂的量子力學。

❓ Question

決定原子大小的是哪一種基本作用力？

Ⓐ Answer

是電力的作用。

38.8 量子物理

　　物理學家對原子的研究愈深刻，就愈認為牛頓的那些定律無法應用到原子裡頭。牛頓的定律對於大如棒球、甚至行星的物體（在巨觀世界裡）都那麼有用，可是卻無法應用到原子的微觀世界中。

　　研究巨觀世界中的各種運動的科學，稱為力學，有時也稱為古典力學，而研究微觀世界內的運動的科學，就稱為量子力學。對微觀世界中的量子進行廣泛研究的物理學，就統稱為量子物理。

　　在巨觀世界裡，我們若想要仔細測量事物，都能做到相當的準確度，可是在原子領域中，測量會有測不準的基本特性存在。巨觀世界的物理量，例如物體的溫度、某種晶體的振動頻率，甚至於音速和光速等等的測定，測量者所想要達到的準確度實際上是不受限制的。但是次原子尺度下的測量，例如電子的位置與動量，或者壽命極短的粒子質量等等，就完全不一樣了。在微觀的領域中，許多測量的不準度和欲測的物理量大小有關。量子力學的結構是以機率為基礎的，這是一個很難被人接受的觀念。甚至愛因斯坦也無法接受，他有一句名言常被人引用：「我不能相信上帝在宇宙中玩擲骰子的遊戲！」

　　如果你仍然有興趣繼續研習物理，將來很有可能會修讀量子力學，那時你會發現機率的定律竟然統治著次原子領域內的各種交互作用，確定性的定律只能讓位。量子力學是非常奇妙的學問，科學家和哲學家如今仍然在推敲它的真正意義。

38.9 混沌與可預測性

一個有秩序的系統，如果我們知道它的初始條件，就可以對它作一些預測。例如在牛頓的巨觀世界裡，一個行星的起點被準確地測定之後，我們可以計算出來過一段時間之後，它的位置會在哪裡。同樣知道初始條件之後，我們可以預測一枚火箭墜落的地點，預測何時會有月食發生。在量子的微觀世界裡，我們也可以預測一個電子可能在原子的什麼位置上，或者預測一個放射性粒子在某一段時間內蛻變的機率。牛頓世界和量子世界都一樣，在有秩序的系統中，初始條件的知識決定了系統的可預測性。

然而，無論是牛頓世界或是量子世界，有些系統卻是毫無秩序的，它們有先天的不可預測性。這些系統稱為混沌系統。湍流就是個很好的例子。我們放一片浮木在湍流河水的上游，無論把初始條件弄得多麼精確清楚，都無法預測一會兒之後浮木會在下游的什麼地方。混沌系統的特徵是：初始條件的微細差異能造成極不相同的結果。兩片浮木在起點的一剎那幾乎是同一位置，不久之後它們會分開得很遠。

氣象也是個混沌系統，某一天略有變化的天氣，能於一星期後產生極大的變化，而且多數是不可預測的。氣象學家十分努力工作，但始終受困於大自然是個混沌系統的殘酷事實。這個不能正確預測天氣的障礙，使美國麻省裡工學院的氣象學家勞倫茲（Edward Lorenz, 1917- ）不禁發問：「在巴西的蝴蝶拍拍翅膀，會不會引發德州的龍捲風呢？」從此，我們研究那些微細效應引發巨大效應的問題時，也戲稱為「蝴蝶效應」。

運動中的物理

凌亂的滑雪斜坡

　　假設你和一位同學於一個完全平滑的滑雪斜坡頂上，各自坐在一具平底雪橇板裡，用同樣的速率起滑，兩人都從相同或者很靠近的起點自由滑下，那麼你們經過的路徑將會相同，到達坡底的位置也相去不遠。這是有秩序的行為。初始條件的小誤差導致終端條件的小誤差。但是如果斜坡上布滿了數百個雪堆，無論你倆的初始條件是如何接近，一路的顛簸會使你們兩人抵達坡底時相距數公尺之遙。這就稱為混沌的行為，初始條件的微小誤差導致終點條件的大誤差，大到你預測不到你的結果會是什麼。

　　有趣的是混沌的可預測性並非毫無希望。如果你和你的同學仔細比較一路滑下那崎嶇雪坡時的經過細節，你會發現你們有許多極相似的經驗。也許你們在一些雪堆邊以同樣的方式滑過，也許你們都幾乎直接撞過某個雪堆頂。因此那是一種有秩序的混沌。科學家已經學會如何以數學方法來處理混沌，如何找出其中有秩序性的部分。

觀念一把抓

觀念摘要

原子的模型包括粒子式的與波動式的。

◆ 波耳的行星式原子模型中，電子循軌道環繞原子核轉動。

◆ 德布羅依的早期波動模型中，電子波繞行原子核的圓圈，周長
　必須是波長的整數倍。

◆ 在近代的原子模型裡，電子波環繞著原子核周圍的三維空間，
　可以被想像成電子雲。

光的模型也包括粒子式的與波動式的。

◆ 牛頓提出了光的粒子模型。

◆ 惠更斯的光的波動模型，因馬克士威的電磁波模型而強化了。

◆ 愛因斯坦又回復到粒子模型，提出光是由分立、不連續的電磁
　波小團所組成的，這種小團又稱為量子。

愛因斯坦的光量子稱為光子。

◆ 光子的能量與它的頻率成正比。

◆ 這個關係的比例常數稱為蒲郎克常數，符號是h。

光電效應是光射照射到某些金屬表面而將其電子逐出的過程。它
加強了光的粒子論主張。

◆ 如果光的頻率太低，沒有足夠的能量引發光電效應，那麼即使加強光的亮度也無濟於事。

物質粒子以及光都具有波動特性與粒子特性。

◆ 電子就如同光子，具有可測量的波長，能夠被繞射，產生干涉現象。

波耳的行星式模型可以解釋元素的原子光譜。

◆ 電子在能階間的躍遷，也就是對應於不同電子軌道間的躍遷，是形成光譜線的原因。

組成每種元素的原子，其原子半徑都是獨特的。

◆ 原子核的電荷增加，內層電子的軌道會縮小，結果使較重的元素的原子直徑比輕的元素大不了多少。

量子力學專門研究微觀世界內的運動。

◆ 牛頓力學不能應用到原子大小範圍內的事物。

◆ 量子的測量，比如測量電子的動量與位置，具有基本的不確定性。

重要名詞解釋

光子　photon　電磁輻射的量子，爲電中性。眞空中的光子一律以光速運動，它的能量則與波動模式中的輻射頻率有關。（38.2）

蒲郎克常數　Planck's constant　量子理論的一個基本常數，符號是 h，它決定了微觀世界的尺度。將蒲郎克常數乘以輻射頻率，就可得到該輻射光子的能量。（38.2）

量子　quantum　某些在古典物理中爲連續值的物理量，在量子物理中只能擁有離散值，這些物理量的基本單位稱爲量子。量子也指場或波被量子化後所對應的粒子，例如光子。（38.2）

光電效應　photoelectric effect　光照射在金屬上，將金屬中的電子撞擊出來的效應。若將光視爲波，則難以解釋光電效應的實驗數據，愛因斯坦於1905年首先使用光子提出成功的解釋，從而揭示光的波粒二象性。（38.3）

躍遷　transition　粒子由甲量子態轉移至乙量子態的過程，其難易程度由躍遷機率決定。躍遷必由交互作用引發，例如電子與光子作用而導致電子在原子中的躍遷。（38.6）

量子力學　quantum mechanics　近代物理學的支柱之一，根據蒲郎克的量子假說、德國理論物理學家海森堡（Werner Heisenberg, 1901-1976）的測不準原理等學說所建立的力學體系。一般而言，量子力學適用於微觀的物理系統，例如分子、原子與粒子。量子系統有時亦能表現巨觀行爲，例如超導現象。（38.8）

量子物理　quantum physics　以量子力學爲基礎的物理學體系，有別於以古典力學（牛頓力學）爲基礎的古典物理學。量子場論、量子電動力學、量子統計力學、量子光學都屬於量子物理學。（38.8）

借題複習

1. 模型是什麼？請舉兩個例子說明光的性質。（38.1）

2. 量子是什麼？請舉出兩個例子。（38.2）

3. 光的量子稱為什麼？（38.2）

4. 蒲郎克常數是什麼？它如何將光量子的能量與光的頻率聯繫起來？（38.2）

5. 紅光與藍光，哪一種光的個別光子具較多能量？（38.2）

6. 光電效應是什麼？（38.3）

7. 為什麼藍光能將某種光敏金屬的電子逐出表面，而紅光對同樣金屬的表面卻無此效應？（38.3）

8. 較強的藍光會比同頻率而較弱的光逐出較多的電子嗎？（38.3）

9. 光電效應是支持光的粒子模型呢？還是支持波動模型？（38.3）

10. (a)物質的粒子具有波的性質嗎？
    (b)哪一位物理學家最先給予這問題一個可信服的答案？（38.5）

11. 粒子的速率增加時，連帶將它的波長增加還是減小？（38.5）

12. 電子束的繞射現象支持電子的粒子模型還是波動模型？（38.5）

13. 光子自原子內射出，它的能量與原子內的能階差比較，有何不同？（38.6）

14. 說電子占有原子內的分立能階，意義是什麼？（38.6）

15. 從電子的粒子觀點來解釋電子能階的分立性質，是不是比從波動觀點來解釋較好？為什麼？（38.6）

16. 波的干涉現象與原子中的電子能階有什麼關聯？（38.6）

17. 為什麼氦原子比氫原子小？（38.7）

18. 為什麼最重的原子不會比最輕的原子大很多？（38.7）

19. 量子力學是什麼？（38.8）

20. 原子內的電子所在位置及其動量能夠被準確測定出來嗎？
（38.8）

想清楚，說明白

1. 我們說某一種物理量是量子化了的，那是什麼意思？

2. 你能引用什麼證據說明光的波動性質？又可舉出什麼證據說明光的粒子性質？

3. 強烈的紅光光源顯然比微暗的藍光光源有更大的能量，可是紅光卻不能逐出某種光敏性表面的電子，為什麼會如此呢？

4. 紅外光、可見光、紫外光，哪一種光子擁有較大的能量？

5. 如果一束紅光和一束綠光具有剛好相同的總能量，哪一束光含有較多的光子？

6. 日光浴使皮膚細胞受到傷害，為什麼紫外線能造成這種傷害，紅外輻射卻不會呢？

7. 電子束中的電子比其他電子的速率更快，那種電子的德布羅依波長是不是比較長些？

8. 我們在日常經驗中不會感覺到物體運動所生的波長，那是因為這波的波長太長呢？還是太短？

9. 形容光線中每一個光子所帶能量的公式是 $E = hf$，如果蒲郎克常數 h 的數值更大，同樣頻率的光裡面的光子會帶更多能量還是更少的能量？

10. 同樣的氣球分別充以氫氣或氦氣，為什麼氦氣球容易洩氣，而不是氫氣球容易洩氣？

第 39 章

原子核與放射性

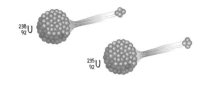

原子中的電子組態可決定原子是否及如何鍵
結形成化合物。電子組態也會影響熔點和凝
固點的溫度高低、材料的導熱性和導電性，
以及物質的味道、組織、外觀和顏色等等。電子發生能量變化，會
產生可見光，變化大時會產生 X 射線。本章的討論將深入原子的內
部，直達原子核。

39.1　原子核

要用 3 萬個碳的原子核排列起來，才能橫越一個碳原子，所以原

子核在原子內就如同一片餅乾碎片掉在大足球場內，一樣的不起眼。雖然原子核非常小，內部構造卻已經大部分被詳知了。原子核是由稱為核子的粒子構成的，帶正電荷的核子稱為質子，不帶電荷的核子稱為中子。中子和質子的質量幾乎相同，而以中子略為重一點。核子的質量是電子的大約 2,000 倍，因此原子的質量實際上可說就是原子核的質量。

▲圖 39.1
環繞原子核的電子，數量與原子核內的質子數量相同。

　　原子核中帶正電荷的質子，負責將電子維繫在它們的軌道上，每一個質子所帶的電荷與電子的電荷大小完全一樣，只是彼此的電性相反，所以在電中性的原子中，原子核外面有多少個電子，核裡面就有多少個質子，因此原子核內的質子數量決定了該原子的化學性質，原子核內的正電荷決定了電子可以存在的組態。

　　原子核內的中子對於電子的組態沒有直接的影響，因此不會影響到原子的化學性質。中子的主要任務是把原子核黏合成一團，核子是藉由一種核吸引力結合在一起，這種吸引力稱為強作用力。

　　強作用力只是在極短距離內非常強，請看圖 39.2，我們知道電荷之間的電力是與距離的平方成反比，強作用力的衰減比這要快得多。當兩粒核子間的距離只有幾倍的核子半徑時，相互間的強作用力就幾乎是零了。從這裡我們了解到，如果核子由強作用力結合在一起，它們必定結合成很小的一團。原子核非常小，正因為強作用力的範圍極小。

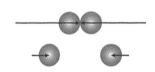

▲圖 39.2
原子核的強作用力是一種極短距的作用力，很接近或互相接觸的核子，吸引力非常強（圖中以長的向量表示）。但是僅僅相隔幾個核子直徑之遙，作用力就近乎零了（以短的向量表示）。

　　補充說明一下：質子和中子本身又是由稱為夸克（quark）的粒子組成的。夸克自己是不是也由更小的粒子構成的呢？有可能，不過至今尚未能提出證據或理論上的推理確信為有。今天理論物理學家認為夸克就是基本粒子，所有核子與其他強作用力的粒子都是由夸克構成的。

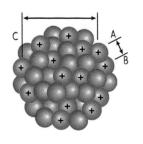

▲圖39.3

A 與 B 兩質子很靠近，強作用力強大到可克服質子間的電斥力。但是距離一拉遠，例如 A 與 C 之間，強作用力就減弱到不足以克服 A 與 C 之間的電斥力了。在一個重的原子核內，全部質子的相互排斥，會使原子核不得安定。

量子力學的一個有趣特徵是：粒子聚集在一起時，會具有極大的動能，隨時想要飛開。所以雖然核力很強，也不過僅夠將兩個核子保持在一起而已。對於兩個具有互斥電力的質子，強作用力並不足以把它們牢牢拴在一起。然而，當中子加入之後，由於中子不帶電荷，電斥力並未增加，但強作用力卻大大增加了，因此中子的參與能使質子不至飛走。

原子核內有更多的質子，就需要更多的中子來維持原子核的結合。對於輕的元素而言，中子的數量與質子的數量大致相同就可以了。對於重的元素則不一樣，要有更多的中子才行，例如最普通的鉛元素，它有 82 個質子與 126 個中子，中子的數量是質子的 1.5 倍左右。超過 83 個質子的那些元素，即使增加中子也很難保持原子核的穩定。

39.2　放射衰變

自然界中安定的原子核數量不多，那是受到原子核的不穩定因素影響。單獨一個中子會自發蛻變成一個質子和一個電子（還外加一個反微子，那是很小的粒子，我們不討論）。一堆獨自存在的中子在一起，11 分鐘之內大約有一半會衰變掉。粒子能以這種方式或者類似的方式衰變的，就稱它們具有放射性，一個獨自存在的中子就是放射性粒子。

原子核內部的放射性規則是由質量與能量的等效性（簡稱為質能等效）所控制的。粒子只有在衰變之後，產物的質量會變小，這衰變才會發生。所以當中子衰變後，質子加上電子（再加上反微子）

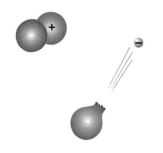

▲圖39.4

一對中子和質子組合起來就很安定，但是僅是中子本身則很不穩定，中子會發射出一個電子而變成一個質子（同時也發射一個反微子，圖中沒畫出來）。

的質量就比較小。造成質量增加的衰變，不會是自發的。從質子衰變成中子的反向反應，只有在外界輸入能量時才會發生。

　　重量大於鉍（原子序為83）的所有元素，都會以各種各樣的方式衰變，因此這些都是放射性元素。它們的原子會發射三種不同型的射線，分別用希臘字母的頭三個字來命名，稱為 α（阿爾法）射線、β（貝他）射線、γ（加瑪）射線。α 射線帶正電荷，β 射線帶負電荷，γ 射線則是電中性。在射線經過的路線設置一個磁場，就能將這三種射線分離開來，請參閱圖39.5。

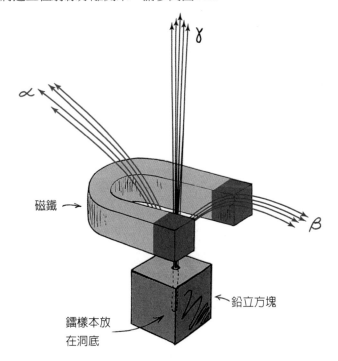

▲ 圖 39.5
在磁場中，α、β、γ 三種射線會分離開來。將一塊鉛立方體中間鑽一個洞，洞底有一種放射源，這些射線就從洞口射出。

▲圖39.6
α粒子由兩個質子和兩個中子緊密結合而成,與氦原子核完全相同。

α 射線是一股粒子流。α 粒子是由兩個質子和兩個中子合組而成的,與氦元素的原子核完全相同,請看圖39.6。

β 射線不過是一股電子流,當原子核內的中子轉變成為質子時就發射出一個電子。這聽起來像是電子藏在中子裡面似的,但那是不對的。電子不會藏在中子之內,就像火花不會藏在可以摩擦生火的粗糙石頭表面一樣。摩擦石頭跳出的火花是互相作用時產生的,中子裡跳出電子也是從某種交互作用中產生的。

γ 射線是沒有質量的能量,它和可見光一樣,是電磁輻射的光子,卻具有很高的頻率和能量。電子從原子內的一個軌道躍入能量較低的軌道時,會發射可見光,當中子在原子核內做類似的事情時就發射 γ 射線。有時候核能階之間有很大的能量差,於是發射出的光子(γ 射線)會攜帶很大的能量。

39.3　輻射貫穿能力

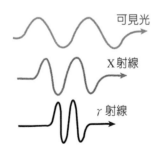

▲圖39.7
γ 射線不過是電磁輻射,每個光子的頻率與能量比可見光和 X 射線都大很多。

這三類從放射性元素發出來的射線,貫穿物體的能力有極大的差異。最容易被阻擋的是 α 射線,用一塊厚紙板或者幾張薄紙就能完全擋住了。β 射線可以貫穿厚紙,但是會被數片鋁箔阻擋。最難阻止的是 γ 射線,必須用鉛塊或者別的厚重屏障才能擋住。

α 粒子容易被阻擋的原因是它相當的慢,以及它那兩個正電荷會與沿途遇到的分子起反應。α 粒子把分子震開成正負離子,自己就緩慢下來。即使一路上只有空氣,α 粒子也只能前進幾公分就停頓下來,因為隨便撿到兩個游離的電子,結合起來就成為一個無害的氦原子。

　　β 粒子只攜帶有一負電荷，通常運動速率比 α 粒子快，在空氣中前進能夠到達比較遠的距離。大多數的 β 粒子都是掠射過原子中的電子，很少直接撞擊到，而 β 粒子的能量就在大量的掠射過程中一步步失去。β 粒子的速率逐漸慢下來，直到速率降到熱運動的程度時，就變成材料的一部分，和材料中的其他電子沒什麼兩樣。

　　γ 射線是三種射線中，貫穿能力最強的，因爲它們不帶電荷。γ 射線的光子旣不受電力吸引或排斥，它只有在直接擊中原子內的電子或原子核時，才會與材料發生交互作用而被吸收。與帶電荷的粒子有一點不同，γ 射線的光子只要遭遇到一次碰撞，就會從射線脫離，不必經過多次碰撞，就會被材料吸收。密度大的材料如鉛，主要因爲它們有高的電子密度，所以是良好的吸收體。

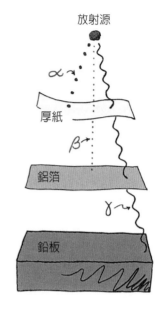

▲圖39.8
α 粒子貫穿能力最弱，用一張厚紙就可以擋住了。β 粒子要用幾張鋁箔才擋得住，γ 射線則要用到很厚的一塊鉛板。

❓ Question

假想你有三塊放射性的餅乾，一塊有 α 射線，一塊有 β 射線，最後一塊有 γ 射線。又假設你必須吃下一塊，手中拿著一塊，再放進口袋一塊。你需要吃哪一塊，拿在手中哪一塊和放在口袋哪一塊，才能將所受的輻射程度減至最低呢？

Ⓐ Answer

當然，你離開這些放射性餅乾愈遠愈好。但是假設你必須吃一塊，手中拿一塊，放進口袋一塊，那麼手中拿有 α 射線的，手上的皮膚就可以屛障你了。將有 β 射線的放進口袋裡，因爲你的衣服大概可以保護你不會有問題。吃掉有 γ 射線的，反正 γ 射線的拿在手中和放在口袋中都會貫穿你的身體，怎麼都不能減少輻射感染。（在眞實生活中，接近放射性材料時必定要使用適當的安全屛護。）

39.4　放射性同位素

　　前面曾經說過，在一個電中性的原子裡，原子核的質子數決定環繞著原子核的電子數，如果質子與電子的數量不同，就成為帶電的原子，稱為離子。一個離子化的原子，軌道上的電子數與原子核內的質子數並不相等。

圖 39.9 ▶
哪一個是離子？

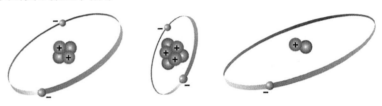

　　原子核內的中子數量，與原子可以有多少個電子不生影響。這也就是說，中子的數量對原子的化學性質沒有直接關係。

　　我們來看一個氫原子，普通的氫原子在原子核裡只有一個質子，按照氫的定義，凡是原子核內的只有一個質子者都是氫元素。然而氫可能有好幾種同位素，一種同位素是在原子核內僅有一個質子的，第二種同位素是原子核內有一個質子和一個中子，第三種同位素則有二個中子和一個質子。

　　每一種元素的所有同位素都有相同的化學性質。只有原子核內的質子會影響軌道上的電子，中子則不會。

　　同位素的符號可以寫成如圖 39.10 的模樣。通常我們不寫出左下方的原子序，例如三種氫同位素，就寫成 ^1H、^2H、^3H（中文寫成氫 1、氫 2、氫 3），元素符號左上方的數字代表質量數，是全部核子的數量，也就是質子加中子的總數量。

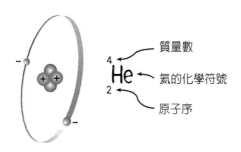

◀圖39.10
同位素的符號表示法。左下角的原子序是原子核內的質子數，左上角的質量數是原子核內的核子數（質子加上中子的總數）。

最普通的氫同位素「氫1」是一種安定的元素。另一種同位素「氫2」稱為氘（deuterium），也是安定的。所謂的重水，就是水分子中的那一個氫被氘取代了。三倍重的氫同位素「氫3」稱為氚（tritium），它並不安定，會發生 β 衰變。氚是氫的放射性同位素。所有元素都有同位素，有些是放射性的，有些則不是。然而所有原子序高過83的元素，其同位素統統是放射性的。

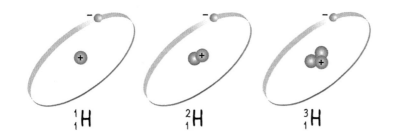

◀圖39.11
三種氫的同位素。每一種原子核只有一個質子來牽引一個軌道電子，再由軌道電子來決定這原子的化學性質。核子的數量決定質量數，但不會影響原子的化學性質。

普通的鈾同位素是鈾238，這也是放射性同位素，但是它的衰變率小於鈾235。原子序為92的元素都定義為鈾，原子核內的質子數為92而中子數不相同的原子，不過只是鈾的各種同位素而已。

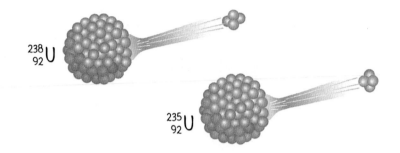

圖 39.12 ▶
鈾的同位素都是不安定的，不斷
地進行放射性衰變。

❓ Question

1. 氚原子發生 β 衰變時，原子核內的一個中子轉變成質子，結果產生什麼原子核？

2. 鈹 8 的原子核（原子序 4）會發生一種特殊方式的放射衰變，它會分裂成相等的兩半。這種衰變的產物是什麼原子核？為什麼說這是一種 α 衰變呢？

3. 在重原子核內，質子間的電斥力所及的距離比較遠，中子與質子之間的電吸力所及的距離比較近。基於這個事實，請解釋為何所有極重的元素都是放射性的。

🅐 Answer

1. 結果造成原子核有 2 個質子和 1 個中子。這是一種氦的同位素。氦在週期表中是第二個位置，這同位素是氦 3。

2. 當擁有 4 個質子和 4 個中子的鈹 8 分裂成相等的兩半時，造成兩個原子核各擁有 2 個質子和 2 個中子。這是氦 4 的原子核，也稱為 α 粒子，因此這種反應屬於 α 衰變。

3. 原子核內的每一個質子被其他的所有質子排斥，但是只受到最接近它的核子所吸引。在一個大型的原子核內，間隔較遠的質子，尤其是在原子核對側的位置時，電斥力會超過核吸引力。這種不安定性使所有較重的原子都具有放射性。

39.5 放射性半衰期

　　放射性同位素以不同的速率進行衰變。量度放射衰變率的特性時間，稱為半衰期。放射性物質的半衰期是其中一半的放射性原子發生衰變所需的時間。舉個例子來說明，鐳226的半衰期是1,620年，就是說任何一塊鐳226的樣品經過1,620年之後，其中一半發生輻射衰變。再過1,620年，那剩餘材料中的一半又將會衰變掉，只有原來四分之一的鐳元素剩下來，其他四分之三都已轉變，經過連續蛻變之後終於轉變成鉛。如果經過20個半衰期，這塊樣品裡的放射性原子數量，只剩下原來的百萬分之一。

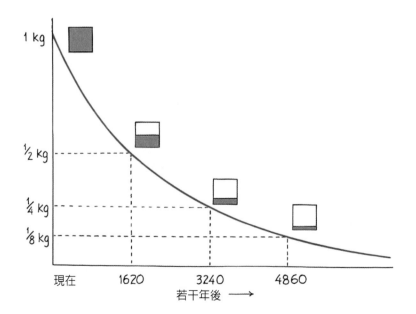

◀圖39.13
每過1,620年，鐳的總量就減少一半。

煙霧偵測器

　　每年有成千上萬的住家倚靠煙霧偵測器而倖免於火災。煙霧偵測器都是用一種弱放射源，通常為鎇241的超鈾元素（原子序95）來偵測煙霧。從這個放射源發出的 α 射線在偵測器的內腔中，碰擊空氣分子而產生離子和放出電子，這些離子供應了很微量的電流。如果煙霧進入內腔中干擾了離子，導致電流減少，電路內的感應器就會偵測到電流降低而發出警報，及時拯救生命。

　　有些元素的同位素只有極短的半衰期，甚至少於百萬分之一秒。有些則很長，例如鈾238的半衰期有四十五億年。每種放射性元素的同位素，都有各自特定的半衰期。

　　放射衰變率已經知道是絕對恆定的，無論外界的情況有多麼嚴峻，都不受影響。壓力的高低，溫度的高低，磁場或電場再強，甚至化學反應再劇烈，對於元素的衰變率都不會有任何可測量到的效應。所有我們尋常認為相當強烈的因素，對於深藏在原子內部的原子核都嫌太弱了，以致發生不了什麼影響。

　　物理學家是如何測定放射性半衰期的呢？他們不可能持續觀測樣品，直到樣品的量剩下一半為止，而且那時間通常比人的一生還長。不過，還是有一樣東西可以測量到，那就是物質的衰變率。進行這種測量的輻射偵測器有多種類型，例如蓋革計數器，管內裝有一種氣體，可藉由輻射將該氣體離子化的效應來測出輻射量。另有一種閃爍計數器，可藉由帶電粒子或者 γ 射線穿進之後，產生閃光而測出輻射量。

同位素的半衰期與它的蛻變率有關。一般而言，半衰期愈短的物質，必定蛻變得愈快，也是比較活躍的物質。在實驗室裡測定蛻變率，可以用來計算放射性物質的半衰期。

❓ Question

1. 如果一種放射性同位素的半衰期是一年，到第二年年尾時，剩下來的份量和原來樣品比較還有多少？
2. 如果你有兩種同份量的放射性物質，一種的半衰期很短，另一種的半衰期很長，哪一種會使輻射偵測器的讀數較高？

Ⓐ Answer

1. 只剩下原來樣品的四分之一。其他四分之三經過衰變之後，已變成一種或數種不同的物質。
2. 有較短半衰期的物質比較活躍，會使得輻射偵測器的讀數較高。

39.6　元素的自然遷變

一個原子核發射出一個 α 粒子或者 β 粒子的時候，就造成不同的元素。從一種元素轉變成另一種元素，稱為遷變。以普通的鈾為例，鈾原子有92個質子，每射出一個 α 粒子，原子核即減少兩個質子和兩個中子，因為它們組成了那一個脫離出來的 α 粒子，剩下的90個質子與144個中子是新元素的原子核，這新元素稱為釷（Th），

反應過程可以表示成下面的圖解：

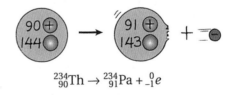

$$^{238}_{92}U \rightarrow {}^{234}_{90}Th + {}^{4}_{2}He$$

　　圖解中的箭頭指出鈾238轉變成他種元素。當這種變化發生時，能量以三種方式釋放出來：γ 射線、α 粒子的動能、釷原子的動能。在核方程式中，值得留意的是元素符號左上角的質量數平衡（238 = 234 + 4）以及左下角的原子序平衡（92 = 90 + 2）。

　　這個反應的產物，釷234也是放射性物質，它的衰變會發射出 β 粒子。我們記得 β 粒子是從原子核射出來的電子，β 粒子自原子核射出來之後，就與原子軌道上的電子或其他電子都沒有分別。原子核每射出一個 β 粒子，核內的一個中子即轉變成一個質子。對釷元素而言，原子核內有90個質子，若發生 β 衰變，產生一個電子，並使它少了一個中子而多了一個質子，新的原子核就不再是釷元素的了，那是鏷元素（Pa）的原子核。這反應的圖解是：

$$^{234}_{90}Th \rightarrow {}^{234}_{91}Pa + {}^{0}_{-1}e$$

　　岔題一下：逸出 β 粒子的時候，同時也逸出一個反微子，圖解中並未表示出來，我們也不深入討論。在此只作簡略的介紹。反微子（antineutrino）是微子（neutrino）的反粒子，跑得非常之快，速

率接近或等於光速，而且充斥在每個角落。它們是否有質量仍是個待解的問題，即使有也不過是比電子還小幾千倍。微子不帶電荷，也少與任何物體起交互作用。就在你讀這段文字時，已有幾百億個微子來自太陽穿過你的身體。無論日夜都是如此不停地穿過，因為晚上那段時間，太陽射來的微子在地球的對側穿越地球，自地下飛出來穿過你的身體。這需要擔心嗎？一點都不需要，這不過是自然現象而已！

回到正題。雖然在這反應過程中，原子序的數值加上1，但質量數的數值（即核子數）仍然不變，同時，請注意那 β 粒子（電子）以 e 來表示，它左下角的－1是電子的電荷，左上角的0是指電子的質量，與中子、質子相比可不予計較。β 粒子的發射對原子核的質量幾乎毫無影響，只是使電荷量（原子序）改變而已。

當一個原子從原子核射出一個 α 粒子，就如鈾238衰變的例子所顯示的，發射之後的質量數會減少4，而原子序減少2。所得的原子屬於週期表中回頭算兩位的元素（請讀者參閱《觀念物理》第 3 冊第17章的元素週期表）。

當一個原子自原子核射出一個 β 粒子，它並沒有損失任何核子，因此質量數不變，只是原子序增加1。所得的原子屬於週期表中向後移一位的元素。

因此，放射性元素的衰變使它在週期表上的位置向前移或向後移。放射性原子核也可以在發射 α 粒子或 β 粒子時，同時射出 γ 射線。γ 射線的射出不影響質量數和原子序。

鈾238的放射衰變，最後會造成一種鉛的同位素，鉛206，整個逐步的衰變過程從圖39.14可以看出來。圖中的每個爆炸圖案裡都寫上一個原子核的名稱，圖的縱坐標代表原子核的原子序，橫坐標代

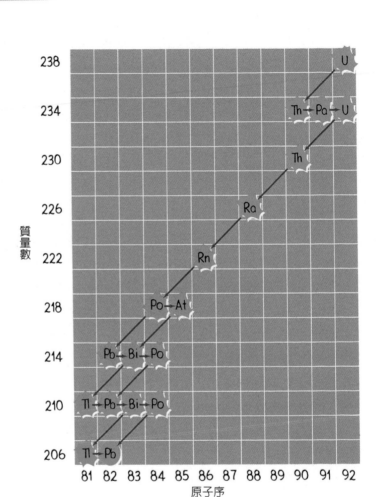

▲圖39.14

鈾238經過一系列的 α 衰變和 β 衰變，最後成為鉛206。圖中元素符號的中文，由右上至左下方，依次是：U（鈾）、Pa（鏷）、Th（釷）、Ra（鐳）、Rn（氡）、Po（釙）、At（砈）、Pb（鉛）、Bi（鉍）、Tl（鉈）。

表質量數。每個向左下方斜指的箭頭代表一次 α 衰變，每個向右指的箭頭代表一次 β 衰變。請留意，圖中有些元素兩種衰變方式都有可能。這個衰變系列只是自然界中若干放射衰變系列中的一種。

❓ Question

1. 請完成下列的核反應方程式：

a. $^{228}_{88}Ra \rightarrow \, ^{?}_{?}? + \, ^{0}_{-1}e$　　　b. $^{209}_{84}Po \rightarrow \, ^{205}_{82}Pb + \, ^{?}_{?}?$

2. 所有鈾238進行放射衰變之後，最終都變成什麼元素？

Ⓐ Answer

1. a. $^{228}_{88}Ra \rightarrow \, ^{228}_{89}Ac + \, ^{0}_{-1}e$
   b. $^{209}_{84}Po \rightarrow \, ^{205}_{82}Pb + \, ^{4}_{2}He$

2. 所有鈾238最終都變成鉛。在變成鉛的過程中，會出現一系列的不同元素，可參閱圖39.14。

39.7　人為的元素遷變

1919年，在眾多的研究者中，英國科學家拉塞福（Ernest Rutherford, 1871-1937）率先以人為方式成功促成一種化學元素的遷變。他把純氮盛入密閉箱裡，再使用從放射性礦物發射出來的 α 粒子來打擊氮的原子核，然後檢查箱裡的氣體，發現其中含有氧和氫，而這兩種氣體事先並不存在。

拉塞福將這個現象歸因於下面的核方程式：

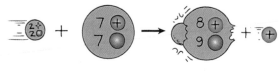

$$^{14}_{7}\text{N} + {}^{4}_{2}\text{He} \rightarrow {}^{17}_{8}\text{O} + {}^{1}_{1}\text{H}$$

　　隨著拉塞福的實驗，又有許多這類核反應的實驗成功，起先是
以放射性元素射出的粒子自然撞擊，後來又用巨型加速器產生的高
能粒子（包括質子、氘、α 粒子等）來撞擊。對於今天的科學家來
講，人為的遷變已經是他們的日常工作了。

　　元素週期表中鈾以後的元素，稱為超鈾元素，都是經由人為遷
變產生的。所有這類元素的半衰期都比地球的年齡短得多，所以無
論哪一種超鈾元素若是在地球形成時自然存在過，至今也都已經衰
變了。

密閉容器內充滿氮氣

α 粒子發射源

▲圖 39.15

人為遷變可以用簡單的方法達成（左），也可以極費功夫、利用加速器（右）來完成。

39.8　以碳定年

　　來自地球之外的宇宙線，主要爲高能質子，會不斷地撞擊地球的大氣層，結果使外大氣層中的許多原子發生遷變，質子、中子以及其他粒子散射到大氣層中。大多數質子會很快地在外大氣層遇到游離電子而結合成氫原子，但是中子因爲不帶電荷而不能與物質發生電交互作用，就一直走向地球。不過，它們遲早也會碰撞到大氣內層的一些原子核。

　　如果中子碰到氮原子核，就會發生如下的反應：

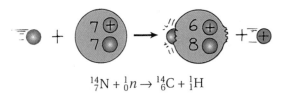

$$^{14}_{7}N + ^{1}_{0}n \rightarrow ^{14}_{6}C + ^{1}_{1}H$$

　　在這反應中，氮 14 被一個中子（n）擊中後，產生碳 14 和氫。

　　地球上的碳大部分爲安定的碳 12。空氣中的碳，主要是以二氧化碳的化合物形態存在。由於宇宙線的撞擊，使大氣中的碳含有極微量的碳 14。碳 14 與碳 12 一樣能和氧結合成二氧化碳。

　　二氧化碳被植物吸收，於是所有的植物都含有極微量的放射性碳 14。動物吃了植物，或者吃了吞下植物的動物，因此所有動物身上都帶有一點點碳 14。也就是說，任何有生命的東西多多少少都含有碳 14。

　　碳 14 會放射 β 粒子而衰變回氮，反應如下（伴隨而生的反微子並沒有在方程式中顯示出來）：

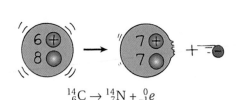

$$^{14}_{6}C \rightarrow ^{14}_{7}N + ^{0}_{-1}e$$

活的植物不斷吸收二氧化碳,其中的碳14與碳12成爲某一固定比率時就達到放射性平衡。在植物或動物死掉之後,它們就停止補充這種放射性同位素,於是碳14的百分比逐漸減少;減少率我們已經知道。生物死了愈久,剩下的碳14就愈少。

碳14的半衰期爲5,730年,那就是說,目前存在於動物遺體、植物或者樹木枯枝中的碳14,有一半會在5,730年內衰變掉,剩下來的碳14又有一半繼續在下一個5,730年內衰變,以此類推。所以,凡是一度有生命的物體,它們的放射性都以可測知的變率逐漸減少。

▲圖39.16
動物骨骸中的放射性碳同位素,每過5730年就失去一半。

考古學家使用碳14定年技術以鑑定木製古董和骨骸的年代。因爲在前後數世紀內,碳14的產量會發生一些變動(部分原因是地球磁場的變化,以及後續的宇宙線強度的改變),這種碳定年技術大約有15%的誤差,意思是說,一頭古時巨象的骨骼化石若被定年爲

10,000年前的動物，事實上可能僅僅是8,500年前留下來的遺骸，也可能是更早的11,500年前留下來的遺骸。如果需要做較精確的鑑定，那必須再運用別的方法才行。

Question

1. 一位考古學家從一塊古代的骨骼中抽取出1公克的碳，量得每分鐘有7至8次β粒子自樣品發射出來。從現代的骨骼抽取1公克的碳，每分鐘卻有15次β粒子發射。請估計那古代骨骼有多久的年代。
2. 假如取自古代骨骼的碳樣品被測出放射性只有取自現代骨骼的碳樣品的1/4，請估算古代骨骼有多古老。

新樣品為每分鐘15次。

老樣品為每分鐘7次。

Answer

1. 由於老樣品的β射線只有新樣品的一半，大約已經過了一個半衰期，也就是5,730年。
2. 古代骨骼已經歷了兩個碳14的半衰期，也就是經過了大約11,460年。

39.9 以鈾定年

更古老而且非生物的東西，可以藉由測定放射性礦物來定年，例如觀測鈾。自然存在的鈾同位素——鈾238和鈾235，都衰變得十分緩慢，最後也成為鉛的同位素，但不是一般的鉛同位素——鉛208。舉個例子來說明，鈾238經過幾個階段的衰變之後，最後成為鉛206。然而鈾235在最後則成為鉛207。大多數的鉛同位素——鉛

206及鉛207，都曾經一度是鈾。含鈾的礦石愈古老，其中這些鉛同位素所占的百分比也愈高。

　　從鈾同位素的半衰期以及含鈾礦石內鉛同位素的百分比，我們就可以計算出這類礦石的形成年代。科學家以這種方法來定年，已經發現過37億年前的古老礦石。來自月球上的礦石標本，由於月表不像地球，古老的礦石並沒有受到太多的損毀，所以能定出42億年前的石頭。從這個數值和已經確定地球與太陽系的年齡為46億年來比較，不過少了4億年而已，應算是相當準確可靠的。

39.10　放射性示蹤物

　　所有元素的放射性同位素已經可以用人為方式產生，方法就是將元素用中子或其他粒子來撞擊。這種同位素所費不高，容易取得，在科學研究和工業實用上都很有助益。

　　從事農業研究的人員在肥料中混合小量的放射性同位素，然後施加於生長中的作物。作物成長之後，利用輻射偵測器很容易就測出作物吸收肥料的分量，於是研究人員就可以告訴農民使用肥料的適當分量。這種用途的放射性同位素，稱為示蹤物。

　　醫學上則使用示蹤物來研究消化的過程，以及化學物質在身體內的流動狀況。醫師讓病人吃下含有少量放射性同位素的食物，然後使用輻射偵測器來追蹤食物內的示蹤物在體內的途徑。用同樣的方法也可以研究血液循環的情形。

　　機械工程師可以用具有放射性的金屬來製造汽車引擎的汽缸，以測試汽缸壁的損耗情形。引擎運轉的時候，活塞環摩擦汽缸壁，

▲圖39.17
使用放射性同位素來檢定農作物吸取肥料的分量，以及身體消化食物的過程。

其中的放射性金屬會因刮損而有微粒進入機油槽中，這可用輻射偵測器量測出來。重複試驗不同品牌的機油，機械工程師就能決定哪一種品牌的機油所造成的磨耗最小，讓引擎壽命最長。

　　利用放射性同位素的實例何止千百種。這類技術之所以重要，在於它提供了一種方法，去偵測和計量少到顯微鏡都無法觀測的原子數量，同時又絕少會造成身體的傷害。（治療癌症而使用的強力輻射是另外一回事。這種情形所用的份量比研究用的示蹤物強得太多，效益的估算必須高於可承受的危險。）

放射性同位素　有放射性　無放射性

◀圖 39.18
使用放射性同位素，可追蹤地下水管的破裂點。

39.11　輻射與你

　　放射性在地球上活躍的時間比人類早得多了，就如太陽和雨水一樣，早已是我們環境的一部分。放射性使得地球內部熾熱、甚至熔化。事實上，地球內部的放射衰變把泉水底部加熱，導致噴射而成噴泉或者積聚起來成為溫泉。甚至孩子們玩的氣球，所充的氦氣也是放射性的結果。氦氣的原子核只不過是些 α 粒子，這些粒子是從放射性元素的原子核發射出來的，然後才變成氦氣。

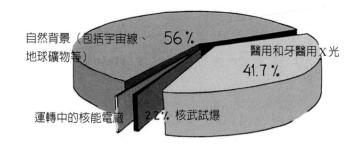

　　正如圖 39.19 所示，你所受到的輻射大多是由自然界而來。它會來自你站立的地下、你周圍建築物中的磚和石。甚至我們呼吸最清潔的空氣，也不能避免含有微量的放射性。大自然的輻射背景出現於地球的時間比人類還早，如果我們的身體不能忍受，我們也不會存在。

　　穿越大氣而來的宇宙線是我們受到最多的輻射。宇宙線內大部分是質子，夾帶著其他的原子核向地球飛來，途中在外太空時有部分已被偏折，剩餘部分又被大氣層這道屏障擋住了許多。但是仍然有些宇宙線穿越大氣層，它們多數是些例如緲子（muon）般的次粒子。離地面愈高的地方，輻射也愈強。美國的丹佛市號稱為一英里高的城市，你在丹佛市所受到的宇宙線比在海平面所受到的多出兩倍。從紐約乘飛機到舊金山來回兩次，你所曝曬到的輻射量和照一次胸部 X 光同樣多。航空公司的空勤人員為了要避免這種超額的輻射，必須限制飛行時間。

　　轟向我們最多的是最無害的微子，微子是交互作用最微弱的粒子，質量接近零，不帶電荷，經常由放射衰變產生。它們是已知最普遍的高速粒子，在宇宙中到處飛竄，每秒鐘有上億個微子毫不受阻擾地穿過我們的身體。它們從地球穿過時，只有偶然會碰撞到物

體。使用一「片」6光年厚的鉛塊，才可以把半數進入的微子吸收掉。大約平均一年中會有一次，你身體中的微子觸發了核反應。正因為微子絕少打擾我們，所以很少人知道微子。

　　在這一章我們關注的各種輻射中，γ 射線是至今最危險的一類，它自放射性物質發出，構成正常的輻射背景中很大的一部分。我們應該把 γ 射線的曝露量減至最低。

　　活體的細胞是一些複雜的分子結構，浸在充滿離子的鹽水中，當 γ 射線鑽進這種極有秩序的組織時，所產生的損害可達原子的尺度。β 粒子穿透活體的程度沒有那麼深，造成的傷害就沒那麼嚴重。無論這類型的傷害是肇因於 γ 射線、β 射線或者其他輻射，被改變了的分子通常對生命過程是弊多於利，例如DNA分子受到輻射之後，多會產生有害的基因突變。

　　細胞受到不太強烈的輻射感染時，能夠自己補救大部分的受損分子，這是為何我們能夠接受小劑量放射性藥物的原因。另一方面，在有高濃度放射性物質場所工作的人員，必須經過特殊訓練，保護自己避免增加罹患癌症的危險。這包括一些醫務人員、核能電廠的工作人員，以及核能船艦的輪機人員等等。受到高輻射劑量（約為自然背景的1000倍以上）的人罹患癌症的危險性較大，比不受輻射照射的人的預期壽命要短一些。

　　雖然我們應當盡可能避免受到輻射的照射，大自然的輻射仍是無法避免，每個生命都一定會吸收到的。

▲圖39.20
這是國際間通用的標誌，表示這個區域在生產或處理放射性物質。

觀念摘要

原子核是由核子組成的，核子包括帶正電的質子與電中性的中子。

◆ 質子的數量決定電子的數量，進而決定原子的化學性質。

◆ 核子由一種強作用力結合起來。

◆ 質子的數量增加，同時中子的數量也必須增加，才能使原子核維持穩定。

放射性元素有不穩定的原子核，會發射出各種核粒子。

◆ α 粒子是由兩個質子和兩個中子結合而成，皮膚或者厚紙都能將它們擋住。

◆ β 粒子是從原子核射出去的電子，衣服或者鋁箔可以使它們停下來。

◆ γ 射線是高能量的光子，要用到厚實的屏障，例如鉛之類的保護才有效。

一種元素可以有幾種同位素，彼此的化學性質完全一樣，不過中子數量卻不相同。

◆ 同位素的原子序相同，但質量數不同。

◆ 有些同位素是屬於放射性的。

◆ 半衰期可用來計量放射性同位素的衰變率。

遷變是自一種元素轉變成另一種元素，這種轉變是在放射性原子核射出 α 粒子或者 β 粒子時發生的。

◆ 超鈾元素是由人為的遷變製造出來的。

放射性有許多重要的用途。

◆ 碳14可利用來為古老木器和生物遺骸定年。

◆ 放射性礦物如鈾238或鈾235之類，可以利用來為更古老的非生物材料定年。

◆ 放射性示蹤物在農業和醫學上都極有用。

自然環境的輻射一直轟擊著我們。

◆ 盡可能避免受到輻射的照射，因為輻射會傷害活體的細胞和分子。

重要名詞解釋

核子 nucleon 原子核由質子與中子這兩種粒子組成，因此質子與中子都稱為核子。請注意，核子與原子核並不同義。（39.1）

強作用力 strong force 原子核內的核子互相吸引的力；這種力在短距離內非常強，但隨著距離的增加會迅速減小。（39.1）

衰變 decay 放射性原子核或不穩定的粒子，自動轉變成其他較穩定之原子核或粒子的過程。（39.2）

放射性 radioactivity 指自不穩定同位素的原子核自發遷變放射出來的游離輻射，或隨電子捕獲而發射X射線的性質。（39.2）

輻射 radiation (a) 泛指在空間中以光速傳遞的能量，例如電磁輻

射。(b)由放射性原子，例如鈾元素所發射出來的粒子。（39.3）

原子序 atomic number 各元素原子核中的質子數，這是因元素而異的最基本性質。依照各元素的原子序大小，可把元素排列成週期表。（39.4）

質量數 mass number 一個原子核內含有的核子（包括中子與質子）總數。（39.4）

同位素 isotope 屬於同種元素、但中子數不同的原子（有相同的原子序、但質量數不同的原子），互稱為同位素。同位素具有相同的化學性質，物理性質卻可能有很大的差異。（39.4）

半衰期 half-life 元素中的放射性同位素衰變成一半原子時，所需的時間。（39.5）

遷變 transmutation 也稱為「嬗變」。指的是：（1）某原子核藉天然放射性或人工核反應，經過喪失或吸收一些質子之後，轉變成另一種不同元素的原子核。（2）一種粒子轉變成另一種粒子。（39.6）

定年 dating 利用某些技術和方法，以測定地質、生物化石、或考古方面的年代。（39.8）

借題複習

1. 質子、中子、電子，哪些是屬於核子？（39.1）

2. 電作用力是企圖使原子核緊密結合，還是推散？（39.1）

3. 強作用力是在什麼粒子之間作用？（39.1）

4. 電作用力與強作用力，哪一種作用的距離較遠？（39.1）

5. 中子在什麼時候呈現不安定？

6. 請辨別 α 射線、β 射線、γ 射線。（39.2）

7. 如何比較以上三種輻射的貫穿本領？（39.3）

8. 請辨別離子與同位素。（39.4）

9. 一個正常的原子，它的電子數與原子核內的質子數有沒有什麼差異？（39.4）

10. 鈾235和鈾238兩種同位素，哪一種的中子數比較多？（39.4）

11. 放射性半衰期是什麼意思？（39.5）

12. 假如某種同位素的放射性半衰期是1,620年，於1,620年末的時候，那物質還剩下多少？在3,420年之後呢？（39.5）

13. 當一個原子發生放射衰變，它是變成完全不同的元素嗎？（39.6）

14. (a)一個原子發射出一個 α 粒子之後，原子序會有什麼變化？
　　(b)它的質量數又會有什麼變化？（39.6）

15. (a)一個原子發射出一個 β 粒子之後，原子序會有什麼變化？
　　(b)它的質量數又會有什麼變化？（39.6）

16. (a)釷元素發射一個 α 粒子之後，會變成什麼元素？
　　(b)假若它發射一個電子呢，又會如何？（39.6）

17. (a)超鈾元素是什麼？
　　(b)為什麼地球中沒有超鈾元素的礦藏？（39.7）

18. 碳12和碳14兩種同位素，哪一種是有放射性的？（39.8）

19. 同質量的現代骨骼和古代骨骼相比，為什麼現代骨骼中的碳14含量較多？（39.8）

20. 為什麼以碳定年的方法對古老錢幣無效，但對古老的木瓦有效呢？（39.8）

21. 為什麼在所有的含鈾礦石裡必定含有鉛呢？（39.9）

22. 在古老的含鈾岩石中，為什麼也積聚一些鉛呢？（39.9）

23. 放射性示蹤物是什麼？（39.10）

24. 你所承受到的輻射，大部分是源自哪裡？（39.11）

25. 為什麼在高的地方和靠近地球的兩極，輻射會較強？（39.11）

想清楚，說明白

1. 什麼樣的實驗證據指出放射性是發生在原子核的變化過程？

2. 你身體含有的中子多於質子嗎？含有的質子多於電子嗎？請詳細討論。

3. 為什麼週期表中的一些元素，質量數不是整數值？

4. 在一個原子的原子核內加入一個質子時，它的原子序和質量數會怎樣變化？加入一個中子呢？是什麼東西決定元素的化學性質？

5. 同一元素的幾種同位素，有哪些共同的特性？有哪些不同的特性？

6. 為什麼放射性材料的樣品總是比周圍環境稍熱？為什麼地球的中心很熱？

7. 核能電廠的一項副產品是銫137同位素，它的半衰期是30年，要多少年之後，這種同位素才衰變到剩下原量的1/16？

8. 煤含有少量的放射性物質，以煤為燃料的火力發電廠周圍，環境輻射居然比核能發電廠的周圍較強。這現象說明了圍繞在電廠周圍的，有些什麼典型的東西？

9. 當我們談到受輻射曝曬的危險，我們指的是哪一種輻射？ α 射線、β 射線，還是 γ 射線？請詳細討論。

10. 鉍213同位素發射出一個 α 粒子之後，它就變成一種新的元素。
    (a)這新元素的原子序和質量數各多少？

(b)如果鉍213所射出的是 β 粒子，結果又是什麼元素？

11. (a)下列的各個同位素，請指出每個的中子及質子數：鋰6（原子序3）、碳14（原子序6）、鐵56（原子序26）、汞201（原子序80）、鈽239（原子序94）。

(b)這些原子核的外圍，各有幾個電子環繞？

12. 從一個點輻射源射出的輻射是依照平方反比律的。如果一具蓋革計數器在距離一個小輻射源1公尺處測得每分鐘讀數為100，在2公尺距離處測出的讀數是多少？距離放射源3公尺處呢？

13. 一種元素要如何衰變才能在週期表中向後移，也就是說，如何變成原子序較高的元素？

14. 在輻射環境中工作的人，都在身上佩戴了貼有底片的檢測名牌，用以監測輻射照射量。名牌內的底片用不透光的薄紙包著，請問這種檢測器用來檢測哪一類輻射？

15. 被稱為「死海文件」的一些古文物是用碳定年的，如果是石頭器具，這種技術是否仍然有效？

第40章

核分裂與核融合

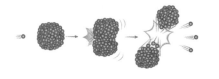

在1896年發現的放射現象，使各種各樣的人都引發了高度的興趣。有些人認為那是科學的神奇；有些人認為可用以治療醫學上的絕症；只有少數人認為那會成為充分的能源，用於家庭暖氣、工廠動力、點燃城市的燈火等等。

放射現象確實可以釋放能量，但是未曾構成人類的主要能源。就小規模而言，它可用在太空船上，做為小型能源。就很大的規模而言，放射現象熔化了地球內部的岩石，是地熱的唯一能源。

第二次世界大戰結束之前的1939年，有一種核反應被試驗成功了。在這種反應中，每個原子釋放出的能量遠比放射現象大得多，

並且極具有爆破和生產能量的可能性。這種反應就是把原子分裂開來，稱為核分裂。

另外一種不同的核反應也會釋放大量的能量，那稱為核融合。核分裂與核融合都會使每公斤的物質釋放出比化學反應更多的能量，甚至也比別種核反應釋出得更多。原子彈、氫彈所釋出令人恐怖的能量，已經把人類帶進「核能時代」。從這種核彈所造成的令人絕望的灰燼中，我們希望今後是在和平用途上利用原子，將龐大的核反應能量用於推動建設，而不是用作武器。

核分裂與核融合究竟是什麼呢？它們之間又有何不同呢？這些反應是由於什麼樣的物理隱藏於背後，才造成巨大的能量呢？那正是本書最後一章要討論的重點。

40.1　核分裂

念過生物學的學生知道活體組織藉由細胞分裂而成長，生物細胞分開成兩半就稱為分裂。同樣的，原子核的分裂就稱為核分裂（也有人稱做「核裂變」）。

核分裂涉及微妙的吸引力和排斥力之間的平衡，也就是原子核內部的強作用力（吸引）和電力（排斥）之間的平衡。所有已知的原子核都是由強作用力主控，然而，這種控制在鈾原子內就很微弱了。如果鈾原子核伸展成拉長的形狀，如圖 40.1 所示，電斥力有可能將它推向更為拉長的形狀。如果伸展到超過某個臨界點，電斥力超過強作用力時，原子核就會分裂，這就成了核分裂。

鈾的原子核會藉由吸收一個中子，而獲得造成這種伸長的足夠

由強作用力主控

變形臨界點

由電力主控

▲圖 40.1
當排斥的電力超過強作用力吸引時，變形的原子核終於分裂。

能量。所導致的分裂過程可以產生好幾種較小原子核的不同組合，其中一種典型為：

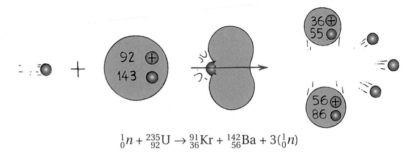

$$_0^1n + {}_{92}^{235}U \rightarrow {}_{36}^{91}Kr + {}_{56}^{142}Ba + 3(_0^1n)$$

　　亦即，一個鈾235遭一個中子撞擊之後，分裂成一個氪36、一個鋇56，以及射出三個中子。由一個鈾235原子的分裂釋放出來的能量十分巨大，有大約一個黃色炸藥分子的七百萬倍。釋放出來的能量主要成為分裂主體的動能，一部分為射出中子的動能，其餘都是 γ 射線。

　　在上面這個範例中，我們看到一個中子撞擊鈾原子，分裂後居然產生了三個中子。其實在大多數的核分裂過程中，都會產生二至三個中子，這些新的中子又再造成二至三個原子核的分裂，發射出三至九個新的中子。如果每個中子又成功地使一個原子核分裂，下一步產生的中子將會有8至27個，以此類推，就造成了所謂的連鎖反應，請看圖40.2。

　　為什麼在含鈾的礦石裡不會發生自然的連鎖反應呢？答案是：如果鈾原子的核分裂都很容易引發的話，產生連鎖反應當然是可能的。但核分裂主要是稀有的鈾235才會發生，在純鈾金屬中只有0.7%是這種同位素。占絕大部分的鈾238吸收中子之後，並不會有核分裂的效應，於是連鎖反應就被鈾238為主的鈾礦，將中子吸收掉

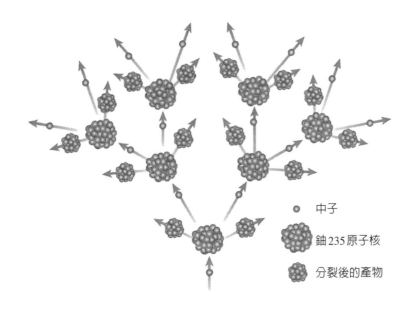

◀圖 40.2
連鎖反應（每次反應後，只畫了兩個中子射出。）

中子

鈾 235 原子核

分裂後的產物

而中斷。自然界的鈾礦中，要自發連鎖反應的機會是非常小的。

　　如果一團如棒球大小的純鈾 235 發生連鎖反應，非常可能造成一次巨大的爆炸。但如果比較小的一撮鈾 235 開始了連鎖反應，卻不會發生爆炸，為什麼呢？因為從核分裂發射出來的中子，需要在物質中前進一段平均距離，才會遭遇到另一個鈾原子核而觸發另一次核分裂。如果那一團鈾太小，中子十分可能遭遇不到原子核而衝出表面，以致於平均下來每個中子觸發不到一次核分裂，連鎖反應便無法繼續。鈾的體積若是比較大，中子可以在物質內走得較遠，一次核分裂之後平均不只有一個中子會觸發另一次核分裂，因而在連鎖反應之下釋放出巨大的能量，請看下一頁的圖 40.4。

　　補充說明一下：幾何學是了解這道理的另一種方法。請回顧《觀念物理》第 3 冊第 18 章的定標規念，小塊物體的表面積相對於

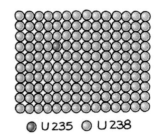

◯ U 235　◯ U 238

▲圖 40.3
自然存在的鈾，只有 1/140 是鈾 235。

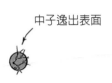

中子逸出表面

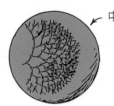

中子觸發更多反應

▲圖40.4

以誇張的方式，來顯示一小塊純鈾235中的連鎖反應逐漸消失，那是因為中子太容易從表面逸出了。在一大團的純鈾235中，因為中子在逸出表面之前，很容易就觸發更多的核分裂，所以能造成連鎖反應。

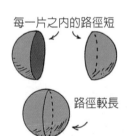

每一片之內的路徑短

路徑較長

▲圖40.5

上圖的兩片都是次臨界質量，中子在其內部的平均路徑太短，極可能逸出表面。但是兩片結合之後，中子在內部的平均路徑較長了，逸出表面的機會減小，這個結合體很可能是超臨界的。

體積的比率較大，大塊物體的表面積相對於體積的比率較小。 1公斤的小馬鈴薯削下來的表皮，比一個1公斤重的大馬鈴薯要多。核分裂的燃料愈大塊，相對於體積而言，表皮的面積就愈小。

臨界質量是在每次核分裂之後，平均能夠產生一次新的分裂，也就是剛好能夠保持繼續反應的全部質量。次臨界質量是連鎖反應會消失的質量。超臨界質量是可以到達爆炸性連鎖反應的質量。

我們從圖40.5的上半部看到兩片純的鈾235，每一片的質量都是次臨界的，也就是說，中子在造成相當的連鎖反應之前就從表面逸出去了。但是如果將這兩片合成一塊，中子在鈾元素內前進的距離長一些，中子於逸出表面之前觸發連鎖反應的可能性就會大一些。如果結合之後的質量超過臨界質量很多，我們就做成一枚核分裂炸彈了。

建造鈾分裂炸彈不是辦不到的工作，其中的困難在於需要從較為豐富的鈾238中分離出足夠的鈾235同位素。二次大戰末期，參與美國曼哈坦計畫（原子彈研發計畫）的許多科學家和工程師，合力花了兩年多時間，才從鈾礦中分離出足夠的鈾235，製造了1945年

投擲到日本長崎、廣島的那兩顆原子彈。直到現今，要分離鈾的同位素仍然十分困難，並且費用非常高昂。

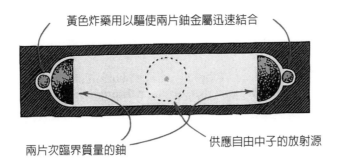

黃色炸藥用以驅使兩片鈾金屬迅速結合

兩片次臨界質量的鈾

供應自由中子的放射源

◀圖40.6
鈾分裂炸彈的示意圖。（實際上的「擊發式」原子彈，圖中所示的兩片鈾金屬只有一片發射，擊向另一片「目標」。）

❓ Question

1. 核分裂是什麼？
2. 連鎖反應是什麼？
3. 總量5公斤的鈾235被分成若干片次臨界質量的小片，當這些小片結合成一大塊，質量就變成超臨界了，為什麼？

Ⓐ Answer

1. 核分裂是原子核的分裂。當一個重的原子核，例如像鈾235之類的原子核，分裂成兩部分時，會釋放出巨大的能量。
2. 連鎖反應是一種能夠自行持續的反應，一旦反應開始，因為每次反應會引發一次或多次的反應，以致不停地反應下去。
3. 分成若干小片的5公斤鈾，因為每片提供給中子的路徑都太短，未能引起核分裂就逸出表面，無法造成連鎖反應。當這些小片的鈾結合成一大塊，在材料內的中子平均路徑就長得多，觸發核分裂的可能性遠比逸出材料表面的大得多。

40.2 核分裂反應器

　　鈾有一個比造原子彈更好的用途，就是做成核反應器的燃料。在美國約有21%的電能是由核分裂反應器產生的，這種反應器只不過是些核火爐，請看圖40.7，它和燒煤炭的鍋爐一樣，除了燒開水供應蒸汽給渦輪機之外，並沒有更了不起的功能。

　　核火爐和傳統鍋爐的最大差別是燃料的用量。僅僅如一個棒球大的鈾，大約只有1公斤重，可產生的能量就超過三十節火車車廂滿載的煤可產生的能量。

　　反應器包括三項主要部分：核燃料與將中子減速的減速器，控制棒，以及將熱能自反應器輸往發電機的水。核燃料當然是鈾，其中可分裂的鈾235的濃度約為3%，減速器可以是石墨（一種純碳），也可以是水。由於在鈾238中的鈾235非常稀薄，不可能會引起如原子彈似的爆炸。控制棒可在反應器裡上下進出，用來控制中子增加的倍數，也就是控制每次核分裂可以產生多少個中子，引發

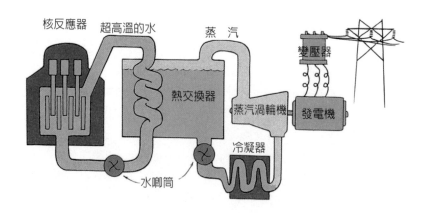

圖 40.7 ▶
核分裂電廠的示意圖

多少的分裂。控制棒以容易吸收中子的材料製成，通常使用金屬鎘或者硼。在核燃料周圍的水則保持在高壓之下，可以加熱到很高的溫度而不至於沸騰。高溫高壓的水把熱能傳送到第二個壓力較低的水系統，再以傳統方式運轉發電機。這種使用兩套分離的水系統的設計，可以避免放射性擴散到渦輪機部分，是一種安全性的措施。

Question

核反應器的控制棒有什麼功能？

Answer

控制棒深入反應器時能吸收較多的中子，自反應器拉出時就吸收較少的中子，如此即能藉由控制棒來控制參與連鎖反應的中子數量。

使用核分裂產生電能的最大缺點，在於同時產生了分裂之後的廢料。我們在前面講過，輕的原子核在質子與中子數量相等時最為穩定，而重的原子核則需要中子的數量多於質子來維持穩定。所以我們知道，鈾這種很重的原子核內，中子的數量必定多於質子。事實上，鈾235的原子核內有143個中子、92個質子。當鈾分裂為兩個中等重量的元素後，新產物的原子核內中子與質子的數量比，仍遠大於穩定的中等重量元素應有的比率，這些核分裂的產物被稱為「豐中子」。它們都具有放射性，其中有些放射性半衰期很短，但有些半衰期長達數千年，需要非常特殊的程序來處理和貯存這些廢料。目前的核廢料處理技術還十分不理想，這仍然是一個需要好好研發的問題。

40.3 鈽

　　當中子被鈾238的原子核吸收時，並沒有核分裂發生，新造成的原子核為鈾239，發射出一個 β 粒子後，成為第一個鈾以上的合成元素，這新的超鈾元素稱為錼，英文名稱是neptunium（原子序93），取自首度運用牛頓重力定律而發現的行星名稱——中文為海王星，英文為Neptune。

　　這個錼239的同位素很快又發射一個 β 粒子，而變成鈽的同位素，英文名稱是plutonium（原子序94），取自第二個應用牛頓定律發現的行星名稱——中文為冥王星，英文為Pluto。鈽239同位素和鈾235一樣，擄獲一個中子之後也會進行核分裂。

　　錼239的半衰期僅有2.5天，可是鈽239的半衰期長達24,000年。由於鈽元素的化學屬性異於鈾元素，可以用普通的化學方法自鈾中分離。所以將鈽抽離鈾是相當容易的事，不像將鈾235從鈾238分離那麼困難，因此野心份子很容易利用鈽來製造核彈。

　　鈽元素與鉛及砷相似，都是有毒的，它會侵害神經系統而造成

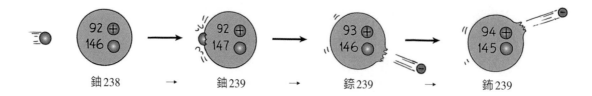

鈾238 → 鈾239 → 錼239 → 鈽239

▲圖40.8
鈾238吸收一個中子之後，發射一個 β 粒子（與一個反微子，圖中未顯示），也就是原子核裡的一個中子變成了質子，那個原子就不再是鈾了，而是成為錼。錼原子核再發射一個 β 粒子，又變成鈽。

癱瘓，如果劑量很高將導致死亡。幸虧鈽不會以元素狀態存在很久，因爲它很快就會與氧結合而形成三種化合物 PuO、 PuO$_2$、 PuO$_3$，它們統統都有良好的化學屬性，不會溶於水中，也不會進入生物體系中。鈽的氧化物不侵襲神經系統，對於生物是無害的。

　　然而任何形式的鈽都有放射性的毒害，它的毒性比鈾強，不過比鐳弱。鈽239可發射高能量的 α 粒子，不會導致基因突變，但會殺死細胞。有趣的是受創的細胞會是癌症的起因，死亡的細胞則不是，這是爲何鈽被歸類於低度致癌物質的原因。

　　鈽給予人類最大的威脅，在於它能被用以製造核分裂炸彈的可能性，它的有用之處則在於充當滋生式反應器的燃料。

　　（補充說明：截至作者寫作本書爲止，超鈾元素的原子序已經達到111。請讀者參閱《觀念物理》第 3 冊第 17 章的圖 17.9：元素週期表。）

40.4　滋生式反應器

　　當小量的鈽239在反應器內與鈾238混合時，鈽的分裂發射出來的中子，把大量不可分裂的鈾238轉變成更多的鈽239。這個反應過程不但可以產生有用的能量，而且還能「滋生」出更多的核分裂燃料。使用這種燃料的反應器，就稱爲滋生式反應器。

　　滋生式反應器的妙用，就好比在汽車油箱內加滿了水，再在其中加一點點汽油。汽油驅動汽車跑了一段路程之後，油箱內的汽油反而比剛開車的時候增加了，而普通的水卻減少了，因爲水「滋生」成汽油了。在開頭花大錢建造這種設備之後，跟著生產電能的方法

可是十分經濟，運轉幾年之後，滋生式反應器發電廠竟然能夠滋生出比開始時多兩倍的燃料。

圖40.9 ▶
鈽239和鈾235一樣，擷獲一個中子之後會進行核分裂。

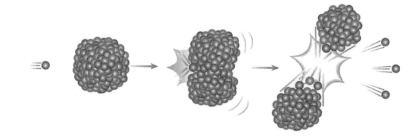

核分裂發電有很多好處。第一，它可供應大量電能。第二，幾十億噸的煤、石油和天然氣都獲得保存。這些天然資源可說是每年都被轉變成熱和黑煙；從長遠看來，這些資源做為有機分子來源的價值，遠高於做為熱源。第三，它可避免每年因為燃燒這些天然資源而進入大氣中的幾百億噸氧化硫和其他毒氣。

核能發電當然也有缺點，這包括：儲存放射性廢料的問題，生產太多的鈽又有核武器擴散的危險，低度放射性物質進入空氣和地下水的問題，以及意外釋出大量輻射的可能危機等。

僅是考慮核能的優點與缺點，尚不足以作出合理的判斷，你必須比較使用替代能源所帶來的好處和壞處。所有的能源都各有某方面的缺點。至於核能的優點對缺點的比較，仍然是極具爭議性的話題，難有定論。

❓ Question

在滋生式反應器中，什麼材料被滋生出來？從什麼材料滋生出來的？

🅐 **Answer**

可分裂的鈽239從鈾238中滋生出來。

40.5 質能等效

了解為什麼在核反應中有巨大能量被釋放出來的關鍵點，在於質量與能量的等效性。在《觀念物理》第2冊第16章，我們討論狹義相對論時，曾指出質量與能量基本上乃是同一種東西，就如一個銅板的兩面。質量可以用超大的電池來比擬，它儲存能量、極大的能量！如果質量可以減少，在減少的時候會釋出能量。

如果你有一堆磚，共有238塊，這堆磚的質量等於238塊單磚的質量一一相加起來的總和。一個鈾238原子核的質量，會等於238個核子的質量相加的總和嗎？正如相對論的許多定則一樣，答案並不明顯。若要找出答案，我們需要考慮將所有核子從原子核中分離出來所必須做的功。

做功是能量轉移的過程，功等於力與距離的乘積。設想你有辦法插手進入鈾238的原子核內，以甚至大於核吸引力的力將一個核子拿出來，那必定需要做相當大的功。重複做同樣的過程，一直到將238個核子分離好，並且都一一靜止了，你所做的功都變成什麼了呢？開始時你有一個靜止的原子核，內含238個核子，結果你使它成為靜止的238個分離的核子，所做的功就都以質量的形式展現出來。因為這些分離的核子單獨質量全部加起來，總和大於開始時原子核的質量。這超出來的質量乘以光速的平方，剛好等於你做功輸入的

▲圖40.10
從一個原子核內拉出一個核子需
要做功，所做的功變成了質量。

能量：$\triangle E = \triangle mc^2$。

解釋這種質量改變的另一種方法為：原子核內一個核子的質量，小於原子核外相同核子的靜質量。質量相差多少，必須視它屬於何種原子核而定。這種質量差與原子核的「結合能」有關係。以鈾而言，質量差大約是0.7%，即是千分之七。原子核內的核子質量所減少的0.7%，表示在原子核內的結合能就是那麼多，也就是需要那麼多的能量才可以將原子解體。

用來建立質量標準的原子是碳12，它的質量確定為12.00000單位。這是一種很特別的單位，在化學上稱為原子質量單位。

以原子質量單位來計算，例如，獨立存在於原子核外面的質子有1.00728單位的質量，中子有1.00866單位的質量，電子只有0.00055單位。碳原子是由6個質子、6個中子、6個電子組成的，總共加起來是12.0989單位，比碳12原子的質量多出大約0.8%。這個差額即是碳12原子核的結合能。隨後我們很快就會看到，鐵的原子核具有最大結合能。

各種元素的同位素成為離子後，可以用質譜儀測定出離子的質量，請看示意圖40.11。質譜儀利用磁場將離子的行進路徑偏轉成圓弧。離子進入儀器時，速率都是相同的，慣性（也等於質量）愈大的離子，愈是難以偏向，以致彎曲路徑的半徑愈大。以這種方式，重的離子跑過較大的圓弧，輕的離子跑過較小的圓弧，原子核的質量就可以比較出來。

從氫到鈾的各個元素的原子核質量，如圖40.12的曲線所示，正如預期的，隨著原子序的增加而向上傾斜，原子序高的元素較重。曲線愈來愈往上彎曲是因為：愈重的原子裡，中子的數量也隨比例增加得更多。

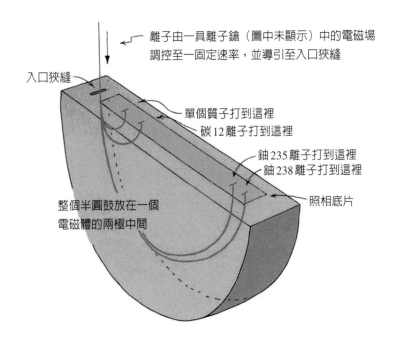

入口狹縫

離子由一具離子鎗（圖中未顯示）中的電磁場
調控至一固定速率，並導引至入口狹縫

單個質子打到這裡

碳12離子打到這裡

鈾235離子打到這裡

鈾238離子打到這裡

照相底片

整個半圓鼓放在一個
電磁體的兩極中間

◀圖40.11
質譜儀示意圖。將固定速率的離
子導入半圓型的「鼓」中，鼓中
有強力磁場將離子的行進路徑偏
轉成半圓形。由於慣性的關係，
較重的離子掃過的圓弧半徑較
大，較輕的離子則沿著較小半徑
的圓弧走。圓弧的半徑與離子的
質量成正比。

　　還有一張更重要的圖是：原子核內每個核子的質量，自氫至鈾
排列的曲線，請看下一頁的圖40.13。想要求得每個核子在原子核內
的質量，很簡單，把原子核的質量除以核內核子的數目，就可以算
出來。這好比如果你把全班同學的總重量除以人數，就可以得到每
一位同學的平均重量。

　　圖40.13的曲線顯現出各個原子核內，核子的平均有效質量竟然
是不同的。一個質子單獨做為氫原子的原子核時，質量最大。這個
質子的質量不含結合能，因為它不和什麼東西結合。比氫元素重的
元素，原子核愈重則核子的質量明顯地愈來愈少。曲線的最低點落
在鐵元素上，這表示要把鐵的原子核拆散，對每個核子做的功需要
最大，對任何別的原子核做功都不需要那麼大。鐵的核子結合得比

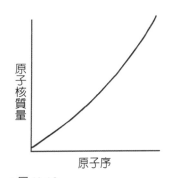

原子核質量

原子序

▲圖40.12
顯示原子核質量如何隨原子序增
加而增大的曲線。圖中的曲率畫
得比較誇張。

圖 40.13 ▶
這條曲線顯示：所有的原子核內
的每個核子質量並不是一樣的。
最輕的元素，核子質量最大，鐵
元素的核子質量最小，最重的原
子核的核子質量卻只有中等的數
值。（縱坐標的尺度僅表示出
1% 的核子質量。）

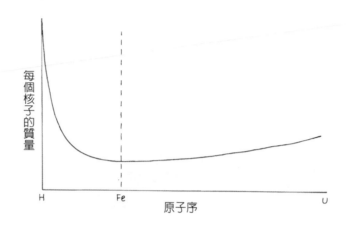

別的元素都更緊密。

自鐵以上，核子的平均有效質量增加了。所以比鐵重和比鐵輕的元素，它們的原子核中每個核子的結合能，都小於鐵的核子結合能。

在曲線圖中我們還可以看出來，當鈾的原子核分裂成兩個原子序較低的原子核時，為何會釋放出能量來。如果一個鈾原子核分裂為二，這兩個產物的質量正落於橫坐標上鈾與氫中間，大約是一半所在的曲線某一點上。我們看到那裡的每個核子質量，比這些核子原先組成鈾原子核時的質量小。把這減少了的質量乘以光速的平方，乘積就等於每一個鈾原子核發生分裂時釋出的能量。

你可以把圖 40.13 與圖 40.14 這種核子質量曲線圖想像成一個能量谷，它自氫（最高點）開始，傾斜下降到最低點（鐵），然後逐漸上升到鈾。鐵是在這能量谷的谷底，該處是每個核子具有最大結合能的地方。任何將原子核往鐵的方向轉變，都會放出能量。重的原子核藉由分裂移向鐵，即核分裂。核分裂的最大缺陷是產物都是放

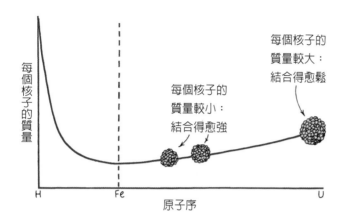

◀圖 40.14
鈾原子核的質量大於分裂後的產物加起來的質量（包括所有發射出的中子在內），這個質量差就是核分裂過程中釋放出來的能量。

射性的，因為這些分裂後的原子核內部的中子數量比穩定狀態時多了些。

　　當比鐵輕的原子核以結合方式移向鐵時，即能量谷左方的原子核移往鐵的方向時，也會釋放能量。從這個反應方向探索，應該可以找到較有前途的新能源。

◀圖 40.15
重元素的原子核分裂後，產物（包括射出的中子）的質量總和，小於該原子核的質量。為什麼會有這質量差？

40.6 核融合

從圖40.13與圖40.14的曲線可以看出來，從氫至鐵有最陡峭的傾斜。換句話說，把較輕的兩個原子聚合成接近鐵質量的原子，應該可以讓我們獲得相當大的能量。這種過程稱為核融合（也有人稱為「核聚變」），與核分裂恰恰相反。

我們知道重的原子核在分裂過程中，因核分裂而釋放出能量；現在，輕的原子核融合成重的原子核時，也會釋放能量。經過核融合的過程之後，幾個輕的原子核在一起融合時，所造成的原子核質量，小於參與核融合的原子核的質量總和，請看圖40.16。

圖40.16 ▶
（左）單獨質子的質量比氦4原子核的每個核子的質量大。質子融合成氦原子核時，質量減少而釋放出能量來。（右）兩個質子和兩個中子在自由狀態下的質量，比它們結合在一起成為氦原子核時的質量來得大些。

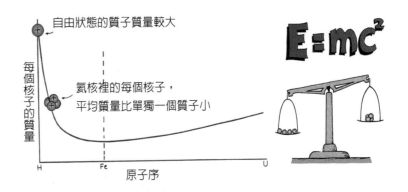

原子核都是帶正電荷的，一般需要原子核在高速中對撞，才可能克服電斥力，發生核融合。對撞所需要的速率非常之高，相當於在太陽或恆星中心才有的極高溫所造成的熱運動速率。在這種高溫下造成的核融合，稱為熱核融合。在太陽的中心，大約每秒鐘有6.57億噸的氫轉變成6.53億噸的氦，減少的4百萬噸質量都轉變成輻

射能，被釋放出來。這種熱核反應完全可說是在燃燒原子核。

　　熱核融合反應很類似普通的化學燃燒反應。化學燃燒與核燃燒一樣，都要由高溫來啓動反應，再由反應產生的能量來維持高溫及擴大燃燒。化學反應的最後結果是把原子與原子結合，造成更緊密的分子。熱核融合反應的最終結果是造成更加緊密結合的原子核。核燃燒與化學燃燒的區別，本質上乃是規模大小不同而已。

❓ Question

1. 先前說是原子分裂開來會釋放核能，現在又說原子合併時會釋放核能，這兩種說法是否互相矛盾？相反的兩種過程怎麼都可以釋放能量呢？
2. 如果要從鐵元素取得能量，鐵應該進行核分裂還是進行核融合呢？

Ⓐ Answer

1. 核反應中，只有在每個核子的質量減少時才釋放能量。像氫之類的輕原子核，它們融合成較重的原子核時，會減小質量而釋放能量。像鈾之類的重原子核，它們分裂成較輕的原子核時，也減小質量而釋放能量。對於能量的釋放，「失去質量」是重點，唯一的重點。
2. 鐵根本不會釋放能量，因爲鐵是位在那能量谷的最底部。如果它和別的元素融合，會向右上坡走，即增加質量。如果它分裂開來，就向左上坡走，那也會增加質量。增加質量需要吸收能量，不會釋放能量。

40.7　控制核融合

　　試圖在控制之下進行核融合反應，需要幾億度的高溫。企圖產生及維持這種高溫，同時又讓參與反應的東西具有合理的密度，乃是許多進行中的研究工作的目標。取得高溫的技術有很多種，無論使用哪一種技術獲取高溫，最大的問題在於達到熱核融合的溫度時，所有的物質不但早已熔化，而且還汽化了。解決這個問題的方法是，唯有把熱核反應限制在非物質的容器之內。

　　磁場就是一種非物質，也能在任何溫度中存在，還可以對運動中的帶電粒子施加極強大的力。以磁場構成的「磁力牆」就是很適合的非物質容器，它有足夠的強度來提供磁力套筒，以容納稱為電漿的熱離子氣，磁力的壓縮則可進一步加熱電漿，達到核融合的溫度。

　　溫度達到大約一百萬度時，有些原子核移動得夠快，能克服電斥力而撞到一起，但是放出的能量還太小，遠低於將電漿加熱所需的能量。甚至到了一億度的高溫，需要輸入到電漿中的能量仍然比少許核融合所放出的能量大。直到大約三億五千萬度時，核融合反應才釋放出足以自我維持的能量。在這起火點溫度下，核燃燒已經可以不需要繼續輸入能量，就可維持輸出能量。這時，持續穩定供應原子核，是產生持續能量的唯一必須措施。

　　已經有好幾種設備可以達成核融合，但電漿的不穩定仍然是至今不能達到持續反應的原因。最大的問題在於還沒有辦法製造出一個大磁場，由它將電漿保持在穩定狀態下，同時又可供應大量的原子核進行核融合。所以，繼續研發各類型的磁力容器是現今的最主

要目標。

　　另一個很有希望的研究方向是完全繞過磁力容器，改用高能雷射來控制。有一種技術是把排列好的雷射光束都射到同一點上，再讓氫同位素做成的冷凍小球穿越交射的同步光束，落在那一點上，請見圖40.17。

　　其他還有一些研究計畫用電子束、光離子束、重離子束等，代替雷射光束來撞擊燃料小球。直到本書付印的一刻，我們仍在期待偉大的「不賺不賠」的日子到來。到那時候，各式各樣的設計中，也許有一種方式產生的能量，至少足以維持啟動核融合反應所需要的能量。

　　「融合能」很接近理想。核融合反應器不會有「超臨界」而導致無法控制的危險，因為它本來就不需要臨界質量。再者，它不會造成空氣污染，因為熱核燃料唯一的副產品是氦，孩子們玩的氣球可以使用。除了在核融合設備的內部容器中，由於高能中子而帶一點點放射性之外，融合反應所生的副產品都不帶放射性。處理放射性廢料並不是這種核能電廠的主要難題。

　　核融合的燃料是氫，氫是宇宙間最充裕的物質。有些特殊的研究曾以氘與氚為燃料，因為在可能達到的溫度最容易發生的熱核反應，是所謂 dt（氘與氚）反應，這種反應是讓氘原子核與氚原子核融合。

　　這兩種氫的同位素都可以從普通水中找到。例如30公升的海水中含有1公克的氘，這一點點氘的核融合可釋放出多達一萬公升汽油的能量，或者相當於80噸黃色炸藥爆炸的威力。自然存在的氚較為稀少，但是若取得一點點足以起動的數量（核分裂反應器可以製造出來），控制中的熱核反應器裡就能夠從氘滋生出大量的氚。因為核

▲圖40.17
使用多道雷射光束造成核融合的研究。冷凝的氘小球有節奏地降落到雷射光束的聚焦點上。根據這個計畫，得到的熱再由熔化的鋰攜帶出來，去製造水蒸汽。

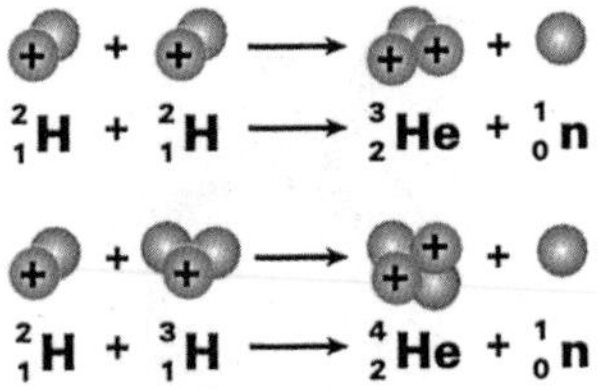

$$^2_1H + {}^2_1H \longrightarrow {}^3_2He + {}^1_0n$$

$$^2_1H + {}^3_1H \longrightarrow {}^4_2He + {}^1_0n$$

▲圖40.18

氫同位素的核融合反應（和太陽
中的反應不同），所產生的能量
大多被較輕的粒子、質子和中子
高速帶走。這種核融合反應將來
可用於易受控制的熱核能電廠。

融合的燃料充裕無缺，在控制中釋放出來的能量實際上是無限的。

　　但融合能的研究發展十分困難和緩慢，已經進行超過五十年
了。那是我們面對的最大工程與科學挑戰之一。然而，我們有各種
理由相信它絕對可被征服，融合能將會成為將來世代的一種主要能
源。

　　人類總有一天能夠乘太空船到恆星上去，所使用的能源將會是
讓恆星發光的相同能源！

觀念一把抓

觀念摘要

核分裂，即原子核分裂開來，這是由於原子核內部的電斥力超越了
強作用力的吸引。

◆ 核分裂由原子核吸收一個中子而引起的，它會擴展成連鎖反
　 應，那是從一處核分裂發射出來的一些中子，又引發其他原子
　 核的分裂而造成的。

◆ 可分裂的元素需要達到臨界質量，才有持續的核分裂發生。

◆ 在次臨界質量下，連鎖反應會消失。在超臨界質量的連鎖反應
　 會引起爆炸。

◆ 在滋生式反應器中，自小量的可分裂鈽239中射出的中子，被
　 不起核分裂的鈾238吸收之後，轉變成為新的鈽239。

◆ 核分裂反應器是極具功效的能量生產設備，但是也製造出許多
　 的放射性廢料。

最輕元素的原子核，核子的平均質量最大。鐵原子核的核子，平均
質量最小。最重的元素，它的核子平均質量則屬中等。

◆ 核分裂發生時，分裂後的產物（包括射出的中子）總質量小於
　 分裂前的原子核質量。失去的質量等於釋放出的巨大能量

在核融合中，數個氫原子核融合成氦原子核，並放出巨大的能量。

◆ 核融合之後，產物的總質量小於參與融合的所有原子核的質量總和。

◆ 在太陽和恆星中心的高溫下，才會發生熱核融合。

◆ 在可控制的條件下持續進行核融合，這是長期以來的研究目標，目的在開發便宜而少污染的能源。

重要名詞解釋

核分裂 nuclear fission 又稱為核裂變。指原子核分裂成兩個或多個質量相當的較小原子核，同時釋放出巨大能量的現象。分裂有自發與誘發兩種，通常只發生在較重的原子核，如鈾核、鈽核。自發分裂為重核不穩定性的表現，進行速率緩慢；誘發分裂則為重核受其他粒子撞擊後的瞬間反應。（40.1）

連鎖反應 chain reaction 中子撞擊某些重核，例如鈾233、鈾235、鈽239，會誘發重核分裂，分裂產生的中子又會誘發其他重核分裂，如此一代代開枝散葉的核反應，稱為連鎖反應。（40.1）

臨界質量 critical mass 在核反應器內或核武器爆炸時，需要有超過一定質量的核分裂物質，才能夠維持連鎖反應。這個必需的最小質量，就稱為臨界質量。（40.1）

核融合 nuclear fusion 又稱為核聚變。指幾個較輕的原子核合成一個較重的、較穩定的原子核，並釋放出巨大能量的過程。太陽和其他恆星所產生的能量就是來自核融合（質子和中子融合成氦原子核）。（40.6）

滋生式反應器 breeder reactor 一種核分裂反應器，它不但產生能量，還能藉由將不可分裂的鈾同位素轉變成可分裂的鈽同位素，以致在反應過程中產生的核燃料比消耗掉的核燃料還多。（40.4）

熱核融合 thermonuclear fusion 以極高溫度產生的核融合。（40.6）

電漿 plasma 為高度或完全游離的電中性氣體，由正離子與電子組成。電漿可視為有別於固態、液態、氣態的第四態，運動方式主要受電磁力支配。（40.7）

借題複習

1. 在核分裂的過程中，電作用力擔任什麼樣的角色？（40.1）

2. 在核分裂的過程中，中子擔任什麼角色？（40.1）

3. 原子核分裂時產生的中子有什麼功用？（40.1）

4. 為什麼在含鈾的礦石中沒有發生連鎖反應？（40.1）

5. (a)哪一種鈾的同位素最為普遍？

   (b)哪一種鈾的同位素會發生核分裂？（40.1）

6. 阿森在一個蘋果上隨意插入12枝2英寸長的鐵釘。阿珍在切成兩半的蘋果上，各插入6枝同樣大小的鐵釘。哪一個人的鐵釘會有較多枝穿出蘋果外？（40.1）

7. 兩塊單獨的鈾與將它們合併成一塊鈾相比，哪一塊材料內的平均路徑較長？（40.1）

8. 兩塊單獨的鈾與將它們合併成一塊鈾相比，哪一塊會逸出較多的中子？（40.1）

9. 超臨界的連鎖反應在兩塊分離的鈾235中較可能發生呢，還是將

兩塊合併成一塊後較容易發生？（40.1）

10. 在核反應器中使用什麼來控制連鎖反應？

11. 核反應器的產物是輕元素、中等元素、還是重元素？（40.2）

12. 爲什麼核分裂之後的產物是放射性的？（40.2）

13. 當鈾238吸收一個中子時，發生什麼事？（40.3）

14. 鈽是如何產生的？（40.3）

15. 鈽是鈾的同位素嗎？或者它是完全不同的元素？（40.3）

16. 在反應器中放進大量的鈾238，然後加上一點點鈽239，會產生
　　什麼效果？

17. 原子核內的每個核子的平均質量，與原子核外單獨存在的一個核
　　子的質量相比，哪一個大、哪一個小，還是兩個都相同？
　　（40.5）

18. 用什麼儀器可以測定同位素離子的相對質量？（40.5）

19. 圖40.12和圖40.13這兩張圖，有什麼主要的差別？（40.5）

20. 重原子分裂時，原子核的質量損失轉變成了什麼？（40.5）

21. 如果氫氣發生核分裂，爲何不會產生能量？（40.5）

22. 如果鈾與別的元素核融合，爲何不會產生能量？（40.6）

23. 如果鐵與別的東西發生核融合，或者它自行核分裂，爲什麼都不
　　可能產生能量？（40.6）

24. 輕的原子發生核融合而成爲較重的原子時，失去的質量轉變成什
　　麼？（40.6）

25. 爲什麼核融合反應器不像核分裂反應器，已經實際可行，成爲工
　　業產品？（40.7）

想清楚，說明白

1. 為什麼以中子做為觸發核反應的子彈，通常都優於質子？

2. 為什麼連鎖反應在小塊的可分裂燃料中會衰減，在大塊的燃料中卻不會？

3. 如果把一塊鈾壓平得像大餅一樣，成為超臨界連鎖反應的機會是增加了還是減少了？為什麼？

4. 為什麼地殼中沒有儲存起相當數量的鈈？

5. 如果你的家教老師告訴你，在核反應中，原子核轉變為能量。那你該換家教了，為什麼？

6. 原子核的質量比組成它的核子個別質量的總和，較大還是較小？

7. 核分裂所釋放的能量與失去的質量，關係密不可分。中等重量的原子核，它的每一個核子的平均質量比最重的原子核小0.1%左右。如果這0.1%的數字變成1%，對釋放出來的能量有何影響？

8. 不管是核分裂還是核融合，都可以預測反應時釋放出來的能量。請說明物理學家如何使用圖40.13的曲線，或者如何使用原子核質量表，以及 $\triangle E = \triangle mc^2$ 方程式來預估這能量？

9. 金可以藉由哪一種反應釋放能量，是核分裂還是核融合？碳呢？鐵呢？

10. 如果一個鈾原子核分裂成三個大小相當的原子核，而不是實際上的兩個，釋放出來的能會較多還是較少？請用圖40.13來說明你的答案。

附錄F　指數成長與倍增所需時間

　　說明：這個附錄擷取自科羅拉多大學物理學教授巴特列特（Albert A. Bartlett）所寫的材料。巴特列特教授強調「人類最大的缺點是對於指數函數的無知」。他發表於《美國物理期刊》1978年9月號的論文〈能源危機中被遺忘的基本原則〉，至今讀來依然不過時，依然令人震撼。這篇論文的更新版後來刊載於1980年1月號的《地質教育期刊》。

　　把一張紙對摺成半，然後再一次對摺，繼續對摺下去，你無法連續對摺9次，因為太厚了摺不起來。但是假設你能夠把很薄的衛生紙連續摺疊50次，它的厚度居然會超過20,000,000公里！信不信？讓任何一個數量連續倍增，很快就會得到天文般的大數字。譬如你開始只有一分錢，然後倍增為二分錢，接著再倍增為四分錢，如此倍增個30次，最後結果你會積聚起總額10,737,418.23元！

　　我們經常無法看清楚的重大事情是：成指數成長的過程，以及為什麼繁殖失去了控制。

　　比如銀行中的存款或者人口，或者資源消耗的速率⋯⋯任何一

個數量，每年以一個固定的百分比穩定地成長，這種成長就稱為指數成長（exponential growth）。銀行存款可能每年成長百分之五至百分之六；世界人口目前每年以百分之二的比率增加；美國的發電量在二十世紀的前四分之三成長率為每年百分之七。指數成長的要害之處，在於一個量增加到兩倍（即增加百分之百）所需要的時間是恆定的。舉個例子來說，如果一個城市的人口從 10,000 人增加到 20,000 人，需要 10 年時間，同時這增加率十分穩定，那麼在次一個 10 年後，人口即倍增到 40,000 人，又再次一個 10 年後，會增加到 80,000 人，以此類推。

成長率的百分比與倍增所需時間，存在一個重要的關係，也就是：

$$倍增所需時間 = \frac{69.2 \text{ 個百分點}}{\text{每單位時間成長的百分比}}$$

$$= \frac{70 \text{ 個百分點}}{\text{成長率（百分比）}}$$

這公式可以粗略估計一個穩定成長量的倍增所需時間，只要將 70 個百分點除以成長率的百分比即可。例如：美國的發電量成長率為每年百分之七，因為（70%）÷（7%/年）＝ 10 年，所以每 10 年發電量即倍增。如果世界人口以每年百分之二穩定成長，因為（70%）÷（2%/年）＝ 35 年，所以每隔 35 年就會人口倍增。某一個城市的都市計畫委員會對於每年 3.5% 的成長率，覺得似乎很緩慢，沒想到這數字代表 20 年後會發生倍增，因為（70%）÷（3.5%/年）＝ 20 年，因此對於自來水供應、污水處理等等市政服務項目，都得每隔 20 年把服務能力增加為兩倍。

如果環境也跟著穩定成長，倍增並不是很嚴重的事。但是在一個受限制的環境中發生穩定成長，又將會如何呢？我們來檢驗細菌，它可以藉由細胞分裂而一變為二，二變四，四再分裂成八地繼續分裂下去。設若某種細菌的分裂時間只有一分鐘，又假設在上午十一點鐘將一個細菌放入一個空瓶子裡讓它穩定繁殖生長，到正午十二點，細菌就可以填滿瓶子了。

你知道嗎？在正午之前兩分鐘，瓶中只有四分之一滿的細菌，而正午之前三分鐘，更只有八分之一滿的細菌，這的確會讓你大吃一驚。表 E-1 中綜合了正午之前最後幾分鐘內，瓶中尚餘留空間的比例。如果細菌會思考，並且也會關心未來，你猜它們會在什麼時候關心它們將會擠滿了空間呢？你會在比如上午 11:55 的時候，認為見到一個嚴重問題的證據了嗎？那時候瓶內只有百分之三的細菌，還有百分之九十七是空的，還在叫喊著要發展呢！這裡所要指出的一點是：當成長的效應被注意到的那一刻，已經是不可收拾的時候，並沒有剩下多少時間了。

表 E-1　瓶中最後幾分鐘的狀況				
時間	占據的部分		空餘的部分	
上午 11:54	1/64	（1.5%）	63/64	（98.5%）
上午 11:55	1/32	（3%）	31/32	（97%）
上午 11:56	1/16	（6%）	15/16	（94%）
上午 11:57	1/8	（12%）	7/8	（88%）
上午 11:58	1/4	（25%）	3/4	（75%）
上午 11:59	1/2	（50%）	1/2	（50%）
正午 12:00	全滿	（100%）	全無	（0%）

❓ Question

瓶中細菌半滿是在什麼時候？

Ⓐ Answer

在上午 11:59 的時候，因為細菌的數量是每分鐘加倍。

　　假設在 11:58 的時候，一些有遠見的細菌發覺它們快要擠不下了而全力去尋找新的瓶子，做為居所。又假設它們自覺幸運，找到了三個新的空瓶子，那是它們有生以來所知道的世界的三倍。看來那些細菌真的解決了它們的問題，而且還真是趕上時間呢！

　　但是我們從下一頁的表 E-2 看出來，新瓶子的發現只不過將資源展延了兩個倍增時間而已。在細菌這個例子中的資源就是居住的空間，就如人口增長所需的陸地。當然人類需要的資源也包括煤、石油、鈾礦、和任何無法重新造成的資源。

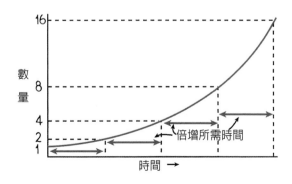

◀ 圖 E-1
以指數成長的數量曲線。注意圖中橫坐標上，在連續標示的相等時間間隔裡，數量都是倍增，每一時間間隔就是倍增所需時間。

表 E-2　發現三個新瓶子後的效應	
時間	效應
上午 11:58	第一個瓶中只及 1/4；
	將細菌分裝在四個瓶中，每瓶為 1/16 滿。
上午 11:59	四個瓶子都是 1/8 滿。
正午 12:00	四個瓶子都是 1/4 滿。
午後 12:01	四個瓶子都是 1/2 滿。
午後 12:02	四個瓶子都已全滿。

❓ Question

假如細菌能夠移居到新瓶子中，再繼續以同樣的增加率成長，把三個新的空瓶子裝滿，要費多少時間？

Ⓐ Answer

在 12:02 的時候，所有四個瓶子全都盛滿！

持續成長和持續倍增，會導致龐大的數字。經過兩次的倍增所需時間後，一個數量就等於倍增了兩次，也就是成為 4 倍大小（$2^2 = 4$）；經過三次的倍增時間，大小增加為 8 倍（$2^3 = 8$）；經過四次的倍增時間，大小增加為 16 倍（$2^4 = 16$）；以此類推。

這種成長的威力可以用一位印度的宮廷數學家的故事來說明，這位數學家在很久以前為印度國王發明了西洋棋（棋盤上一共有 64 個方格）。國王十分喜歡這個遊戲，願意賞賜數學家一些獎品。數學家表示他的請求十分謙卑，只希望依照棋盤上的方格數賞給小麥，

▲ 圖 E-2

在棋盤的第一個方格放上 1 粒麥，在第二個方格放上 2 粒，在第三個方格又再倍增，如此繼續下去，到第 64 個方格時，全世界的麥子都不夠這一格所需。

第一個方格賞 1 粒小麥，第二個方格賞 2 粒小麥，第三個方格賞 4 粒小麥，如此連續在次一方格賞賜加倍，直到全部方格都算完為止。你知道嗎，到了第 64 個方格，僅僅這一格的小麥就有 2^{63} 粒。國王很快就看出他無法實現數學家的「謙卑」請求，因為加起來的數量比全世界有史以來能收成的小麥還要多。

❓ Question

根據一則法國猜謎，一個荷花池中開始只有一片荷葉，每過一天，荷葉的數量會加一倍，經過了三十天之後池中蓋遍荷葉。請問過了多少天的時候，荷葉蓋滿半個池塘？又只蓋滿四分之一個池塘，是哪一天呢？

Ⓐ Answer

經過 29 天後，荷葉蓋滿半個池塘。蓋滿四分之一個池塘是在經過 28 天之後。

在次頁的表 E-3 裡，可看到每個方格的麥粒數都比前面各方格麥粒數的總和多 1 粒，棋盤上的每一個方格都是如此。例如，在第三方格上放著 4 粒小麥，就比第一方格和第二方格加起來的 3 粒多出 1 粒。第四方格上的麥粒數 8 粒，比已經在棋盤上前三格的 7 粒多出 1 粒。任何以指數方式成長的案例，在每一次的倍增時間後，得到的數量都大於在那之前全部成長的總和。

這點十分重要，值得我們重複強調：凡是在穩定成長發生時，一次倍增時間之後，數量必定比過去成長歷史中，全部數量的總和還多出 1 來。

表 E-3　在棋盤的方格放麥粒		
方格的號數	方格的麥粒數	累計麥粒總數
1	1	1
2	2	3
3	$4 = 2^2$	7
4	$8 = 2^3$	15
5	$16 = 2^4$	31
6	$32 = 2^5$	63
7	$64 = 26$	127
•	•	•
•	•	•
•	•	•
64	2^{63}	$2^{64} - 1$

　　不受節制的指數成長，後果是令人憂慮的。我們必須提出疑問：成長真的是好事嗎？有些企業喊出來的口號：「不成長，即死亡！」對於整個人類而言，真的是如此嗎？

Question

1.在 1984 年，世界人口成長率是每年 1.7%，而全世界人口是 48 億。照此成長率，多少年可使世界人口加倍？
2.世界人口要每年增加多少%，才能在 100 年後加倍？

Answer

1.倍增所需時間為 41 年，因為 70% ÷（1.7%／年）＝ 41 年。
2.每年成長 0.7%。因為 70% ÷（0.7%／年）＝ 100 年。

附錄 G　爲從事物理工作預做準備

物理學是各種應用科學的基礎，從探索較好的能源到驅動最高速的計算機，都需要具備良好的物理知識，因此在應用物理領域裡有許多的就業機會。同時，以尋求物理定律更好的表述爲目標的理論物理研究，也有一展志業的好機會。

比從事物理工作更刺激、更能得到回報、對社會貢獻更大的事業，可說太少了。領悟物理觀念是走向這種工作生涯的重要第一步。另一個重要的步驟是儘量多學習數學，因爲數學語言是研究物理必須具備的。

關於學習物理最令人不可思議的說法是，你必須有愛因斯坦的智慧才能成功。這絕對不正確！興趣、動機、耐心、不耍小聰明，才是成功的關鍵素質。

大學物理系所的學生在幹嘛？

攻讀物理學士學位的學生，一般有百分之三十的時間是用在物理課程上，餘下的時間用在其他的領域，例如數學、化學、計算機程式和人文學科等。大學一年級的物理課所涵蓋的範圍，與本書的

內容相似，但比較注重使用基本微積分來解題。以後的課程是對物理的個別領域作較深入的探討，當然也使用到較高深的數學。在高等實驗室裡，學生可望使用到精密儀器、參與研究小組的研究助理工作。

　　研究生則集中全力在物理上。碩士課程一般為兩年，另外再花二年到四年，通常可以取得博士學位。博士課程中主要訓練是作研究，作研究的重頭戲是撰寫論文。

物理學的職場

　　有許多物理學家是在工業界、學術界及國立研究機構工作。大多數從事研究工作者擁有博士學位，其他得到博士、碩士或學士的物理學家，多服務於醫院、核能電廠、軍事機構、太空單位、博物館、專利法律事務所、企業、政府機構、中學教職等等。

圖片來源

本書卡通插畫，皆由作者休伊特（Paul Hewitt）所繪。

取自英文原著附圖：

> 38.6（左）：H. Raether, "Elektroninterferenzen," Handbuch der Physick, Vol 32 (Berlin, Springer Verlag, 1957) 提供
>
> 38.6（右）：J. Valasek, Introduction to Theoretical and Experimental Optics (N.Y., Wiley, 1959) 提供
>
> 38.7：購自 Nuridsany et Perennou/Photo Researchers
>
> 39.15（右）：Stanford Linear Accelerator Center 提供

中文版附圖，購自富爾特影像圖庫：

> 32.6　33.12　34.5　35.1　36.17

中文版附圖，江儀玲　繪：

> 33.4　36.1　36.3　36.11　38.5　39.20

閱讀筆記

國家圖書館出版品預行編目(CIP)資料

觀念物理5 : 電磁學‧核物理 / 休伊特(Paul G. Hewitt)著 ; 陳可崗
譯. --第三版. -- 臺北市 : 遠見天下文化, 2018.06
　　面 ；　公分. -- (科學天地 ; 212)
譯自 : Conceptual Physics: the high school physics program
ISBN 978-986-479-510-9 （平裝）

1.物理學　2.教學法　3.中等教育

524.36　　　　　　　　　　　　　　　　　　107009880

科學天地212

觀念物理 5

電磁學‧核物理

CONCEPTUAL PHYSICS

The High School Physics Program

原著／休伊特（Paul G. Hewitt）
譯者／陳可崗
科學天地顧問群／林和、牟中原、李國偉、周成功

總編輯／吳佩穎
編輯顧問／林榮崧
責任編輯／林榮崧
封面設計／江儀玲
美術編輯／江儀玲、邱意惠

出版者／遠見天下文化出版股份有限公司
創辦人／高希均、王力行
遠見‧天下文化 事業群榮譽董事長／高希均
遠見‧天下文化 事業群董事長／王力行
天下文化社長／林天來
國際事務開發部兼版權中心總監／潘欣
法律顧問／理律法律事務所陳長文律師
著作權顧問／魏啟翔律師
社址／台北市104松江路93巷1號2樓
讀者服務專線／（02）2662-0012
傳真／（02）2662-0007 2662-0009
電子信箱／cwpc@cwgv.com.tw
直接郵撥帳號／1326703-6號 天下遠見出版股份有限公司

電腦排版／東豪印刷事業有限公司
製版廠／東豪印刷事業有限公司
印刷廠／鴻源彩藝印刷有限公司
裝訂廠／聿成裝訂股份有限公司
登記證／局版台業字第2517號
總經銷／大和書報圖書股份有限公司　電話／（02）8990-2588
出版日期／2001年6月30日第一版第1次印行
　　　　　2023年12月6日第三版第7次印行

定價500元　書號BWS212　ISBN：978-986-479-510-9
天下文化官網 bookzone.cwgv.com.tw